essentials

Weitere Bände in dieser Reihe
http://www.springer.com/series/13088

essentials liefern aktuelles Wissen in konzentrierter Form. Die Essenz dessen, worauf es als „State-of-the-Art“ in der gegenwärtigen Fachdiskussion oder in der Praxis ankommt. essentials informieren schnell, unkompliziert und verständlich

- als Einführung in ein aktuelles Thema aus Ihrem Fachgebiet
- als Einstieg in ein für Sie noch unbekanntes Themenfeld
- als Einblick, um zum Thema mitreden zu können

Die Bücher in elektronischer und gedruckter Form bringen das Expertenwissen von Springer-Fachautoren kompakt zur Darstellung. Sie sind besonders für die Nutzung als eBook auf Tablet-PCs, eBook-Readern und Smartphones geeignet. essentials: Wissensbausteine aus den Wirtschafts, Sozial- und Geisteswissenschaften, aus Technik und Naturwissenschaften sowie aus Medizin, Psychologie und Gesundheitsberufen. Von renommierten Autoren allerSpringer-Verlagsmarken.

Peter Michael Bak

Erfolgreiche Kundenansprache nach Plan

Grundlagen zur Erstellung eines Kommunikationskonzeptes

Peter Michael Bak
Hochschule Fresenius
Köln, Deutschland

ISSN 2197-6708 ISSN 2197-6716 (electronic)
essentials
ISBN 978-3-658-13334-4 ISBN 978-3-658-13335-1 (eBook)
DOI 10.1007/978-3-658-13335-1

Die Deutsche Nationalbibliothek verzeichnet diese Publikation in der Deutschen Nationalbibliografie; detaillierte bibliografische Daten sind im Internet über http://dnb.d-nb.de abrufbar

Springer

Gedruckt auf säurefreiem und chlorfrei gebleichtem Papier

Springer ist Teil von Springer Nature
Die eingetragene Gesellschaft ist Springer Fachmedien Wiesbaden GmbH

Vorwort

Eine erfolgreiche Kundenansprache hat viele Voraussetzungen. Überzeugende Produkte, akzeptierte Preise, guter Service, positives Image und den richtigen „Riecher". Manchmal gehört auch eine Portion Glück dazu oder man hat einfach den richtigen Zeitpunkt erwischt. Zwar ist nicht alles vorhersagbar, doch mit der richtigen Planung kann man dem Erfolg auf die Sprünge helfen. Es geht darum, unter den gegebenen Randbedingungen, die Ansprache so zu gestalten, dass die Chancen auf eine gelingende Kommunikation möglichst groß sind. Dadurch überlässt man den Erfolg nicht dem Zufall, sondern lernt im Idealfall die wichtigsten Erfolgsbausteine auch für weitere Maßnahmen richtig einzusetzen. Der Weg dorthin ist nicht immer der gleiche, dennoch lassen sich wesentliche Schritte zur Planung erfolgreiche Kommunikation definieren und die dazu benötigten Bausteine beschreiben. Damit ist auch das Ziel der vorliegenden Ausführungen formuliert. Idealerweise fühlt sich der/die geschätzte Leser/in nach der Lektüre in die Lage versetzt, ein Kommunikationskonzept für ein Produkt, eine Marke, eine Dienstleistung oder eine Veranstaltung selbstständig zu planen und zu entwickeln und dabei die wesentlichen Erfolgskriterien zu berücksichtigen. Zahlreiche Praxistipps am Ende der einzelnen Kapitel sollen darüber hinaus nützliche Hilfestellung für die eigene Arbeit bieten. Diese Essentials sind damit für alle interessant, die im Studium, in der Ausbildung oder bereits in Agenturen oder in Unternehmen mit der Aufgabe betraut sind, eine erfolgreiche Kommunikationsmaßnahme planen und umsetzen zu müssen.

Saarbrücken
im April 2016

Peter Michael Bak

Was Sie in diesem Essential finden können

- Eine Beschreibung der wichtigsten Schritte bei der Planung eines Kommunikationskonzeptes
- Werbepsychologisches Know-how
- Praxistipps für jeden Planungsschritt
- Eine Gliederung, die beim Erstellen einer Kundenpräsentation hilfreich ist

Inhaltsverzeichnis

Kommunikationskonzept: Was ist das?

1

Jeder, der mit werblicher Kommunikation im weitesten Sinne zu tun hat, etwa in Werbeagenturen, in PR- und Marketingabteilungen oder als Eventveranstalter, ist immer wieder aufs Neue mit der Aufgabe konfrontiert, für ein Unternehmen, eine Marke, eine Veranstaltung oder ein Produkt zu werben, darüber zu informieren oder allgemein die Kommunikation mit den (potenziellen) Kunden in gewünschter Art und Weise zu gestalten. Im Gegensatz zur mündlichen Kommunikation in unserem Alltag muss die werbliche Kommunikation mit einigen Einschränkungen zurechtkommen: Eine direkte Kommunikation ist oft nicht möglich, es vergeht häufig viel Zeit zwischen dem Absetzen einer Nachricht und dem Empfang. Auch besteht in der Regel keine Möglichkeit, Missverständnisse aus dem Weg zu räumen oder bei Bedarf auf bestimmte Informationsbedürfnisse gesondert einzugehen. Meistens werden viele Personen an verschiedenen Orten und Zeitpunkten auf einmal angesprochen, wobei deren Interesse an der Kommunikation oftmals eher gering ist. Werbliche Kommunikation ist also mit zahlreichen Unwägbarkeiten und Unsicherheiten verbunden. Damit die Kommunikation dennoch zum Erfolg wird, ist eine genaue Analyse der Ausgangslage, der Adressaten, der möglichen Wirkungen etc. unabdingbare Voraussetzung. Zwar unterscheiden sich die konkreten Kommunikationsanlässe von Fall zu Fall, das generelle Vorgehen lässt sich dennoch maßnahmenübergreifend skizzieren. Ziel ist es, eine Strategie, einen Plan zu entwickeln, der die Randbedingungen, Möglichkeiten sowie konkrete Ziele, Argumente, Zielgruppen und Gestaltungsvorgaben der bevorstehenden Maßnahmen

P.M. Bak, *Erfolgreiche Kundenansprache nach Plan*, essentials,
DOI 10.1007/978-3-658-13335-1_1

zusammenfasst und Auskunft über bzw. verbindliche Vorgaben für die Abfolge der einzelnen Kommunikationsschritte gibt. Damit sind wir auch schon bei dem angelangt, was wir als Kommunikationskonzept definieren können:

> Das Kommunikationskonzept ist ein schriftlich fixierter Plan, auf dessen Grundlage über einen längeren Zeitraum mit einer definierten Personengruppe über ein bestimmtes Thema in eine bestimmten Art und Weise, in definierten Medien kommuniziert werden soll.

Die Entwicklung eines solchen Kommunikationskonzeptes lässt sich in mehrere Teilaufgaben zerlegen. Zu Beginn steht die Situationsanalyse, in der die aktuellen Randbedingungen analysiert werden und die die Grundlage für alle weiteren Schritte ist. Es folgen das Zielgruppenprofiling, bei dem die Adressaten der werblichen Kommunikation genau beschrieben und die Kontaktstellen, an denen es zur Kommunikation kommt, analysiert und bewertet werden. Ausgehend von der Bestandsaufnahme und der Zielgruppendefinition wird dann das Kommunikationsziel bestimmt, also festgelegt, was die, Zielgruppe erfahren und lernen soll. Anschließend müssen grundlegende Entscheidungen und Vorgaben inhaltlicher wie gestalterischer Art getroffen werden. Zudem müssen die Medien, in denen die Kommunikation stattfinden soll, bewertetet und auf ihre Passung zum Kommunikationsziel analysiert werden. All das mündet schließlich in einer Ablaufplanung, die das grundsätzliche Vorgehen beschreibt und vorgibt.

Wir werden uns im Folgenden den Prozess zur Erstellung eines Kommunikationskonzeptes Schritt für Schritt ansehen, wobei in der Praxis viele der hier nacheinander aufgeführten Tätigkeiten häufig gleichzeitig durchgeführt werden. Auch ist zu beachten, dass nicht immer alle hier beschriebenen Arbeitsschritte nötig sind bzw. tatsächlich durchgeführt werden. In anderen Fällen sind dagegen noch weitere Arbeitsschritte notwendig. Hier wird ein prototypisches Vorgehen beschrieben, dass dann jeweils auf die konkrete Fragestellung angepasst werden muss. Und noch eine Bemerkung zu den verwendeten Begriffen. Wenn im weiteren von „Kunde“ die Rede ist, dann sind damit generell die Adressaten der Kommunikation gemeint, die nicht immer Kunden im Sinne von „kaufenden Kunden“ sein müssen. Von „Produkt“ wird gesprochen, wenn es um den Gegenstand der Kommunikation geht. Mit „Unternehmen“ ist jeweils der Absender der Werbebotschaft gemeint, wobei es natürlich auch eine andere Organisation sein kann.

Wenden wir uns nun zunächst dem Kommunikationsbegriff zu bzw. dem, was wir unter Kommunikation im werblichen Kontext verstehen wollen.

1.1 Kommunikation als Aufgabe

Jedes Mal, wenn es um die Kundenansprache geht, stellt sich die Frage nach dem was, dem wo und dem wie. Ob es nun um die Einführung eines neuen Produktes geht, eine neue oder bestehende Marke oder die Bekanntgabe eines Events. Am Ende geht es immer darum, unter den gegebenen Randbedingungen optimal mit der Zielgruppe zu kommunizieren. Was auf den ersten Blick einfach scheint, wird auf dem zweiten Blick kompliziert. Denn der Kommunikationserfolg wird durch zahlreiche Faktoren beeinflusst. Faktoren auf Seiten des Absenders, auf Seiten des Empfängers, Faktoren des Zeitpunkts, des Orts oder Eigenschaften des Mediums, über das kommuniziert wird. Um dem erwünschten Kommunikationsergebnis möglichst nahe zu kommen, empfiehlt es sich daher, den gesamten Kommunikationsprozess genau zu untersuchen, die verschiedenen Einflussfaktoren zu analysieren, den jeweiligen Kontext zu berücksichtigen und auf dieser Basis dann eine Kommunikationsstrategie, einen Kommunikationsplan zu entwerfen. Dabei gilt: Je verbindlicher die im Kommunikationskonzept beschriebenen Inhalte und Ziele sind, umso einfacher können die nachfolgenden Maßnahmen auch in der Praxis umgesetzt werden.

Betrachten wir das einfache Kommunikationsmodell aus Abb. 1.1. Danach beschreibt Kommunikation den Prozess, beim dem ein Sender, eine Botschaft über ein Medium an einen Empfänger in einem bestimmten Kontext vermittelt. Als gelungen können wir die Kommunikation dann bezeichnen, wenn die Botschaft beim Empfänger so angekommen ist und so verstanden wird, wie es vom Absender gemeint war. Wie komplex dieser Wirkungsprozess ist, wird bei der Betrachtung der einzelnen Elemente deutlich.

Der Sender

Für die Beachtung, das Verständnis und die Beurteilung einer Botschaft ist es von großer Bedeutung, wer die Botschaft aussendet. Wie sympathisch und seriös uns der Sender erscheint, beeinflusst etwa, ob wir ihn attraktiv finden, ihm glauben und ihn als vertrauenswürdig einschätzen. Wir tun – im privaten wie professionellen Kontext – viel

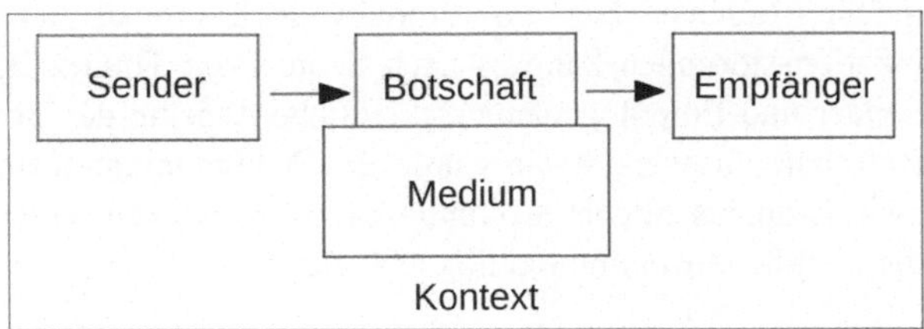

Abb. 1.1 Einfaches Kommuniktionsmodell

dafür, um als Sender wirkungsvoll aufzutreten. Unternehmen geben sich dazu beispielsweise ein bestimmtes Image und stellen sich in der Öffentlichkeit in zweckdienlicher Art und Weise dar. Wenn wir mit einer Botschaft konfrontiert werden, stellen sich also viele Fragen: Was wissen wir von Sender? Was erwarten wir von ihm? Was bezweckt der Sender? Welche „Sprache" spricht er? Welche Botschaften passen zu ihm, welche eher nicht? Welche Eigenarten hat er? Kann ich ihm vertrauen? Wann und wo hatten wir schon einmal Kontakt miteinander? Mag ich ihn? Die Beantwortung dieser Fragen ist nicht nur für den Empfänger und sein Verständnis von der Botschaft wichtig, auch der Sender muss wissen, wie er vom (potenziellen) Empfänger eingeschätzt und bewertet wird, andernfalls ist der Kommunikationserfolg kaum steuerbar und planbar. Wenn ich nicht weiß, was andere von mir wissen, halten und erwarten, wie soll ich dann die optimale Ansprache treffen? Was kann ich voraussetzen, was nicht? Die Situationsanalyse, die wir im nächsten Kapitel genauer betrachten werden, schafft hier Klarheit. Je besser der Sender sich selber kennt, um so besser kann er sich und seine Eigenheiten nach außen kommunizieren, die Wirkung seiner Kommunikation einschätzen und gegebenenfalls in seinem Sinne beeinflussen.

Die Botschaft

Die Botschaft, der Gegenstand der Kommunikation, beschreibt die Inhalte, von denen der Sender gerne hätte, dass sie der Empfänger registriert, versteht und lernt. Dabei ist zu berücksichtigen, dass jede Botschaft viele Aspekte besitzt, die erst bei genauerer Betrachtung zum Vorschein kommen. So unterscheidet beispielsweise das Kommunikationsmodell von Schulz von Thun (1981) vier Ebenen einer Botschaft, nämlich die Sachebene, die Beziehungsebene, die Appellebene und die Selbstoffenbarungsebene. Die Sachebene bezieht sich auf die Fakten und Sachverhalte, die kommuniziert werden, z. B. „Wir haben ein neues Produkt". Die Beziehungsebene beschreibt dagegen das Verhältnis, in dem Sender und Empfänger zueinander stehen („Du kannst mir trauen"). Die Ebene der Selbstoffenbarung meint dagegen, dass jede Botschaft auch eine Selbstdarstellung beinhaltet („Wir sind stolz auf das Produkt"). Und schließlich besagt die Appellebene, dass der Sender beim Empfänger stets etwas bewirken möchte („Schau Dir das Produkt doch einmal näher an!). Zu Kommunikationsstörungen kann es nach Schulz von Thun z. B. dann kommen, wenn Sender und Empfänger unterschiedliche Aspekte der Botschaft als die zentrale Botschaft ansehen. Zwar wurde das Kommunikationsmodell für die Analyse zwischenmenschlicher Kommunikation entwickelt, es lässt sich aber auch auf die werbliche Kommunikation anwenden.

Beispiel

Die Commerzbank wirbt mit dem Slogan: „Die Bank an Ihrer Seite“. Auf der Sachebene wird hier bloß die Feststellung getroffen, dass die Commerzbank eine Bank ist, die etwas tun kann. Auf der Beziehungsebene wird festgehalten, dass die Bank Hilfe anbietet für jemanden, falls Hilfe benötigt wird. Der Appell bezieht sich darauf, darüber nach zu denken, ob die Bank nicht für die eigenen Bankgeschäfte interessant sein könnte. Schließlich entnehmen wir der Botschaft auch noch, dass der Absender von sich offensichtlich große Stücke hält.

Wichtig ist also, dass der Empfänger das aus der Botschaft heraus liest, was der Sender zu verstehen geben wollte. Das ist um so wahrscheinlicher, je kongruenter die einzelnen Aspekte sind, d. h. wenn die einzelnen Ebenen miteinander harmonieren. Je klarer und eindeutiger eine Botschaft ist, desto größere Chancen besitzt sie, richtig verstanden zu werden. Interessanterweise finden sich häufig inkongruente Botschaften, wenn der Sender selbst kein genaues Bild von sich hat. Auch dies verweist wieder auf die Bedeutsamkeit der Situationsanalyse und der genauen Kenntnis des Absenders von sich selbst. Darüber hinaus muss die Botschaft zu den Empfangsmöglichkeiten und -kompetenzen des Empfängers und den anderen Botschaften, die bisher vom Sender bekannt sind, passen. Es kann befremdlich wirken, wenn sich beispielsweise ein bisher eher konservativ aufgetretenes Unternehmen plötzlich als progressiver Vorreiter gibt. Das kann zu Kontrasteffekten führen, die entweder den Absender oder die Botschaft oder beides diskreditieren. Auch ist zu beachten, dass Kommunikation selbst dann stattfindet, wenn wir eigentlich gar nicht kommunizieren (möchten). Darauf hat Paul Watzlawick in dem ersten Axiom seiner Kommunikationstheorie bereits hingewiesen: „Man kann nicht nicht kommunizieren, denn jede Kommunikation (nicht nur mit Worten) ist Verhalten und genauso wie man sich nicht nicht verhalten kann, kann man nicht nicht kommunizieren“ (siehe dazu Watzlawick et al. 2011). Wir müssen uns also für eine erfolgreiche Kommunikation nicht nur Gedanken darüber machen, was wir explizit durch eine Botschaft kommunizieren, sondern auch was wir implizit durch das Weglassen einer Botschaft kommunizieren.

Das Medium

Das Medium ist das Transportmittel der Botschaft und verändert dadurch, dass es untrennbar zur Botschaft wahrgenommen wird, die Botschaft selbst. Mit anderen Worten: die Botschaft ist ohne Medium gar nicht denkbar. Daraus folgt unmittelbar: Medium und Botschaft müssen zueinander passen. Eine seriöse Botschaft wirkt in einem humoristischen Umfeld nicht besonders überzeugend. Eine Eilmeldung in der Wochenzeitung macht keinen Sinn. Eine genaue Analyse und Bewertung der verwendeten Medien ist daher notwendige Voraussetzung für den Kommunikationserfolg und bezieht sich zum einen auf die Kommunikationsmöglichkeiten, wie z.B. Informationsmenge, Geschwindigkeit, Nutzerzahl, zum anderen auf inhaltliche Aspekte, also z.B. welche anderen Inhalte im gleichen Medium transportiert werden. Denn wie die Nachbarn aus dem Wohnhaus für den externen Betrachter Hinweise über eine einzelne Mietpartei liefern, so beeinflussen auch andere Botschaften, die im Medium transportiert werden, die Wahrnehmung einer speziellen Botschaft. Die genaue Bestimmung und Verwendung der Medien ist zentrale Aufgabe der Maßnahmenplanung (vgl. Kap. 8).

Der Empfänger

Was aber nützt es, wenn der Absender positiv bewertet wird, ihm Seriosität und Leistungsvermögen zugeschrieben werden, wenn die Botschaft an und für sich klar, eindeutig, leicht und unmissverständlich ist und wenn zudem das geeignete Medium für die Ansprache gewählt wurde? Wie die Botschaft beim Empfänger ankommt und wie sie verstanden wird, das entscheidet letztlich der Empfänger selbst. Ein und dieselbe Botschaft kann so oder so ankommen, je nachdem was der Empfänger gerade tut, denkt fühlt oder allgemein gesprochen, in welchem Zustand er sich gerade befindet. Sein Zustand wiederum ist durch seine Interessen, Ziele, Bedürfnisse und weitere interne wie externe Faktoren beeinflusst wird. Ist er beispielsweise hungrig, so werden vor allem solche Informationen beachtet, die etwas mit Essen zu tun haben, denkt er gerade an seine finanziellen Spielräume im Alter, so werden rentenbezogene Informationen bevorzugt verarbeitet. Ist er müde, berührt ihn womöglich gar nichts mehr. Allgemein: Es werden solche Informationen bevorzugt verarbeitet, die für den aktuellen Zustand des Empfängers Relevanz besitzen, andere Informationen werden ausgeklammert. Das bedeutet: Je genauer ich die Empfänger meiner Botschaft kenne, je besser ich ihren gegenwärtigen Zustand kenne, je empathischer ich bin, um so besser kann ich dies bei der Formulierung und Gestaltung der Botschaft nutzen, um damit die Chancen auf eine erfolgreiche Kommunikation erhöhen (Bak 2015). Ein detailliertes Zielgruppenprofiling und die Kontaktpunktanalyse dient zu diesen Zwecken. Beides wird uns im Kap. 5 beschäftigen.

Kontextbedingungen

Schließlich müssen wir noch äußere Randbedingungen berücksichtigen, die unsere Kommunikation beeinflussen können. Tageszeit, Jahreszeit, Wetter und viele andere Faktoren wie z.B. auch der Ort, an dem wir uns gerade befinden, z.B. im Auto, im Bus, zu Hause, auf der Arbeit und soziale Faktoren, etwa, ob der Empfänger gerade allein oder unter Menschen ist, beeinflussen in starkem Maße, wie wir die Botschaft und den Sender wahrnehmen und bewerten. Zu den Kontextbedingungen gehören weiter auch juristische, gesellschaftliche oder ökonomische Faktoren. Was darf überhaupt kommuniziert werden? Gibt es Tabus? Welche gesellschaftlichen Trends lassen sich ausmachen? Was ist gerade *en vogue*? Welche Themen sind gerade relevant? Auch diese zahlreichen Fragen und Aspekte müssen für eine erfolgversprechende Kommunikation entsprechend berücksichtigt werden.

1.2 Bestandteile des Kommunikationskonzepts

Jedes Kommunikationskonzept ist anders. Mal ausführlicher, mal knapper. Dennoch finden sich in der Regel folgende Bausteine:

Situationsanalyse: hier werden alle relevanten Informationen zum Absender der Werbebotschaft zusammengetragen und hinsichtlich ihrer Bedeutung für die Aufgabenstellung analysiert.

Zieldefinition: ausgehend von der Situationsanalyse werden hier die Ziele der Kommunikationsmaßnahmen genau und im Idealfall anhand von Kriterien nachprüfbar definiert.

Zielgruppenbeschreibung: je größer die Kenntnis der Bedürfnisse, der Ziele und Wünsche sowie der Lebenssituationen der Adressaten ist, desto besser gelingt die kommunikative Ansprache. Eine genaue Zielgruppenanalyse ist daher sehr wichtig. Zudem muss untersucht und anschließend definiert werden, an welchen Stellen (örtlich, zeitlich, medial) die Zielpersonen optimal anzusprechen sind.

Gestaltungsaspekte: hier wird festgehalten, auf welche Weise die Zielgruppe am besten anzusprechen ist. Dies hängt zum einen von der Zielgruppe selbst, zum anderen aber auch von den Kommunikationszielen ab.

Maßnahmenplanung: im letzten Baustein geht es um die Klärung der durchgeführten Maßnahmen und der benutzten Medien. Geklärt wird, über welche konkreten Maßnahmen die Zielgruppe unter Berücksichtigung der avisierten Ziele, der jeweiligen Umstände und dem vorhandenen Budget optimal angesprochen werden kann.

Die konkrete Ausgestaltung der einzelnen Bausteine muss an auf die unterschiedliche Aufgabenstellungen und Kontexte zugeschnitten werden. So kann die Aufgabe darin bestehen, ein Kommunikationskonzept für ein neues oder bestehendes Produkt, die gesamte Unternehmenskommunikation, die Entwicklung und Positionierung einer Marke, interne Kommunikationsmaßnahmen, PR-Aktivitäten oder andere Maßnahmen zu entwickeln.

Erfolgreiche Kommunikation, so ist spätestens an dieser Stelle klar, ist alles andere als trivial und keine Frage des Zufalls, sondern eine Abfolge wohlüberlegter Schritte. Diese Schritte zu kennen und zu befolgen, ist um so wichtiger in Situationen, in denen die Kommunikation nicht von Angesicht zu Angesicht stattfindet, sondern über Medien an eine große Empfängergruppe vermittelt wird und in denen zwischen dem Zeitpunkt der Aussendung und dem des Empfangs viel Zeit vergangen ist, es also mit anderen Worten keine oder nur beschränkte Möglichkeiten der Rückmeldung und damit der Korrektur gibt. Im Gegensatz zu unserer Alltagskommunikation, die spontan ist und sich jeweils auf die aktuellen Erfordernisse und Randbedingungen einstellt, muss ist die werbliche Kommunikation zielfokussierter, vorausschauend, einheitlich, verständlich, einem Absender eindeutig zuschreibbar und über einen längeren Zeitraum hinweg gleich und vor allem unmissverständlich und passend sein. Fehler können nur mit deutlicher Zeitverzögerung behoben werden, oft ist es dann schon zu spät. Es ist die Aufgabe des Kommunikationskonzeptes, Kommunikationsfehler zu vermeiden und stattdessen Kommunikation zielorientiert zum Erfolg zu bringen. Werfen wir, bevor wir uns um die konkrete Entwicklung des Kommunikationskonzeptes kümmern, noch einen Blick auf einige in diesem Zusammenhang besonders relevante werbepsychologische Konzepte, die uns bei der Ausformulierung des Konzeptes später noch helfen können.

2 Werbepsychologisches Know-how: Kommunikation optimieren

Aus der Werbepsychologie gibt es mittlerweile eine Fülle an Forschung und Theorien, die wir für die Kommunikationsoptimierung nutzen können (einen knappen Überblick finden Sie bei Bak 2014; ausführlicher bei Felser 2015). Insbesondere aus der Forschung zur sogenannten persuasiven (überzeugenden) Kommunikation (z. B. Petty und Cacioppo 2012) lassen sich viele Konzepte in den Kontext der werblichen Kommunikation übertragen, die wir für die vor uns liegenden Aufgaben gut gebrauchen können. Dazu gehören insbesondere das *Involvement*-Konzept und das *Elaboration – Likelihood*-Modell der Einstellungsänderung.

Mit *Involvement* wird der Grad des inneren, kognitiven wie emotionalen Engagements mit einem Sachverhalt beschrieben (z. B. Schenk 2007). Es gibt Situationen, Themen oder Beschäftigungen, bei denen wir nicht „voll bei der Sache sind", sondern eher nur gering involviert sind (*low involvement*), und solche, denen wir unsere ganze Aufmerksamkeit und Konzentration widmen, wir also stark involviert sind (*high involvement*). Das für den vorliegenden Zusammenhang bedeutsame daran ist, dass wir in Abhängigkeit der Involviertheit ganz unterschiedlich mit den durch werbliche Kommunikation vermittelte Informationen umgehen. In *low involvement* Situationen sind wir nicht besonders an den Inhalten und Argumenten interessiert, sondern verarbeiten diese nur oberflächlich. Wir neigen dann eher dazu, Aussagen für wahr zu halten und sind unkritisch. Dies ist etwa dann der Fall, wenn wir tatsächlich kein Interesse an etwas haben oder wenn wir müde sind. In *high involvement* Situationen dagegen interessieren uns die Inhalte der Botschaft wirklich. Wir denken über die vorgetragenen Argumente sorgfältig nach, generieren gegebenenfalls Gegenargumente. Auch haben wir eine eher

P.M. Bak, *Erfolgreiche Kundenansprache nach Plan*, essentials,
DOI 10.1007/978-3-658-13335-1_2

kritische Grundhaltung und prüfen genau, ob und wie die Informationen uns bei der Zielerreichung helfen können. Es leuchtet sofort ein, dass dies unmittelbar Auswirkungen auf die Form der werblichen Kommunikation haben muss. Und das aus zwei Gründen. Zum einen sind die vorgebrachten Argumente für oder gegen eine Sache bei längerem Nachdenken nicht immer überzeugend bzw. stichhaltig, es lassen sich also eher starke von eher schwachen Argumenten unterscheiden. Zum anderen weisen die Empfänger der werblichen Botschaft in Abhängigkeit von der aktuellen Situation unterschiedliche Grade an Involviertheit auf. Daraus ergeben sich unterschiedliche Konsequenzen für die Überzeugungswirkung einer Botschaft, die im Rahmen des *Elaboration-Likelihood*-Modell (Petty und Cacioppo 2012) beschrieben werden. In diesem Modell, das ursprünglich im Zusammenhang mit der Forschung zum Thema Einstellung und Einstellungsänderung entwickelt wurde, wird angenommen, dass Personen eingehende Informationen auf zwei Wegen verarbeiten, auf einem zentralen und einem peripheren Weg. Der zentrale Weg wird dann eingeschlagen, wenn die Person prinzipiell fähig, motiviert und interessiert an der Kommunikation teilnimmt. In diesen Fällen gelangt die Person zu einer anderen Einstellung oder Meinung, wenn sie durch die vorgebrachten Argumente überzeugt wird. Der periphere Weg wird dagegen in Situationen beschritten, in denen die Person eher uninteressiert und unmotiviert ist oder aus welchen Gründen auch immer gerade nicht in der richtigen Verfassung ist, der Kommunikation zu folgen. In diesen Fällen ist nicht die Argumentstärke ausschlaggebend für eine Meinungs- oder Einstellungsänderung, sondern eher oberflächliche Informationen. Im Modell wird hier von sogenannten „periphere Hinweisreizen" gesprochen. In der Werbung sind dies z. B. Bilder, Farben, Humor, Erotik, mit denen versucht wird, die Sympathie oder das Aussehen des Senders zu steigern, ein äußerst effektives Vorgehen, um eine möglichst unkritische Haltung beim Empfänger hervorzurufen. Interessanterweise beeinflusst auch unsere gegenwärtige Stimmung, welchen Weg der Verarbeitung wir nehmen. Gut gelaunte Personen neigen eher zum peripheren Weg, schlecht gelaunte dagegen zum zentralen Weg. So kann man Humor in der Kommunikation beispielsweise nicht nur dazu nutzen, den Absender der Botschaft sympathisch erscheinen zu lassen, sondern auch dazu, die Stimmung entsprechend zu verbessern, mit dem Ziel, eine eher unkritische Haltung beim Rezipienten zu erreichen.

Aus dem *Elaboration-Likelihood*-Modell lassen sich nun für die werbliche Kommunikation wichtige Ableitungen treffen. Vier Situationen, die jeweils eine andere Vorgehensweise nahelegen, können wir unterscheiden:

Erstens: Der Empfänger ist gering involviert, der Sender hat keine starken Argumente. Hier muss der Sender vermeiden, den Empfänger auf den zentralen Weg zu bringen und stattdessen versuchen, durch periphere Hinweisreize, also die

Art und Weise der Kommunikation, durch die „Verpackung“ der Botschaft beim Empfänger zu punkten.

Zweitens: Der Empfänger ist gering involviert, der Sender hat starke Argumente. In diesem Fall sollte der Sender versuchen, die Involviertheit des Empfängers zu steigern, sein Interesse zu wecken, den Empfänger also auf den zentralen Weg zu bringen, um die Wirkung seiner Argumente auszunutzen.

Drittens: Der Empfänger ist hoch involviert, der Sender hat keine starken Argumente. Dies ist eine eher ungünstige Situation, in denen der Sender versuchen kann, den Empfänger durch eine „schöne Verpackung“ vom zentralen auf den peripheren Weg zu bringen, zumindest aber möglichst zu verhindern, dass seine Kommunikation zu tiefgründig analysiert wird.

Viertens: Der Empfänger ist hoch involviert, der Sender hat starke Argumente. Dies ist die beste Ausgangslage, da die Bedürfnisse des Empfängers zu den Möglichkeiten des Senders passen, mit anderen Worten, man kann davon ausgehen, dass die starken Argumente ihre Wirkung beim Empfänger entfalten können. Wenn dann noch die Verpackung stimmt, hat man eine sehr gute Ausgangslage für erfolgreiche Kommunikation.

Anhand dieser prototypischen Fälle lassen sich nun einige Ableitungen für die Entwicklung eines Kommunikationskonzeptes treffen. So ist es sehr wichtig, sich über die Stärke der vorgebrachten Argumente im Klaren zu sein und dann entsprechende Voraussetzungen für die optimale Kommunikation zu schaffen. Gleichzeitig ist es wichtig zu beachten, dass die Empfänger der Werbebotschaft häufig eher gering involviert und an Werbung wenig interessiert sind. Dies gilt es entweder zu ändern, im dem versucht wird, den Empfänger für die Botschaft zu interessieren oder ihn im anderen Fall auf dem peripheren Weg anzusprechen. Außerdem unterscheiden sich auch die beworbenen Produkte und Themen in dem Ausmaß, in dem sich die Nutzer gewöhnlich damit beschäftigen. Bei teuren, mit Risiko behafteten Kaufentscheidungen, bei sogenannten *high involvement* Produkten, nehmen wir uns mehr Zeit und setzen uns mehr mit den Produkten, den Vor- und Nachteilen auseinander als bei alltäglichen Gütern, also bei *low involvement* Produkten. Wir denken bei der Entscheidung über den nächsten Sommerurlaub länger und intensiver nach, als wenn es darum geht, Papiertaschentücher zu kaufen. Entsprechend unterscheidet sich auch der Bedarf an Informationen bzw. müssen unterschiedliche Überzeugungswege beschritten werden. *High involvement* Produkte bewirbt man idealerweise auch auf dem zentralen Weg, der periphere Weg steht dagegen bei *low involvement* Produkte im Vordergrund. Oder anders ausgedrückt: Kann davon ausgegangen werden, dass sich der Empfänger tatsächlich auf der Suche nach relevanten Informationen und Argumenten ist, dann müssen diese auch geliefert und kommuniziert werden.

Darüber hinaus ist zu beachten, dass auch verschiedene Medien mit ganz unterschiedlichem Involvement genutzt werden. Eine Broschüre wird beispielsweise intensiver betrachtet als ein Werbebanner. Auch schauen wir Fernsehen eher mit geringem Involvement, ein Buch dagegen eher mit hohem. Je nach Ziel und Argument muss also das zum Involvement passende Medium ausgewählt werden, um die gewünschte Wirkung zu erzielen. A propos Wirkung: um sich den werblichen Kommunikationsprozess besser vorstellen zu können haben sich verschiedene Stufenmodelle der Werbewirkung als heuristisch fruchtbar erwiesen. Nützlich ist beispielsweise das sogenannte AIDA-Modell, das von vier Phasen beim Entstehen der Werbewirkung ausgeht. So muss zunächst die Aufmerksamkeit des Kunden geweckt werden (*attention*). Anschließend muss der Kunde interessiert werden (*interest*). Dadurch soll der Wunsch nach dem Produkt geweckt werden (*desire*) und der Kunde schließlich zur Handlung bzw. zum Kauf bewogen werden (*action*). Auch wenn dieses Modell all zu vereinfachend ist und der Komplexität der Werbewirkung nicht gerecht wird, so kann es uns für den vorliegenden Fall wertvolle Hinweise darauf geben, an welcher Stelle des Wirkungsprozesses unsere Kommunikation ansetzen kann bzw. welche Schritte wir entsprechend zu berücksichtigen haben.

Nach diesem kurzen Ausflug in die Werbepsychologie wenden wir uns nun der konkreten Vorgehensweise und dem Ablauf der Erstellung eines Kommunikationskonzeptes in der Praxis zu. Beginnen wir da, wo jedes Projekt seinen Ausgang nimmt, beim Projektbriefing.

3 Darum geht es! Briefing und Rebriefing

Ein Kommunikationskonzept wird aus unterschiedlichen Gründen, zu unterschiedlichen Anlässen und für unterschiedliche Ziele erstellt. In der Regel sind Auftraggeber und Auftragnehmer dabei nicht die gleiche Person. Am Anfang steht daher der Auftrag bzw. die Beauftragung, das sogenannte *Briefing* durch den Vorgesetzten oder den externen oder internen Auftraggeber. Das Briefing erfolgt häufig telefonisch, auch schriftlich oder im direkten Gespräch. Je nach Professionalität und Organisation des Auftraggebers ist die Brauchbarkeit des ersten Briefings sehr unterschiedlich und kann von „Sie können doch Werbung machen. Wir brauchen da mal was" bis zu sehr detaillierten Vorgaben reichen. Typisch ist auch folgendes Beispiel:

Beispiel schriftliches Briefing

„Das Unternehmen Schäfer & Co. ist ein mittelständisches Maschinenbauunternehmen, das sich auf individuelle Konstruktion und Fertigung von Weißblechstanzmaschinen spezialisiert hat. Im Zuge der strategischen Neuausrichtung möchten wir neue Kundengruppen gewinnen und massiv in die Bestandskundenpflege investieren. Insbesondere ist es das Ziel, das Image von Schäfer & Co. bei allen Kundengruppen nachhaltig zu verbessern. Dazu möchten wir unsere gesamte Kommunikation neu ausrichten und unser Erscheinungsbild einheitlich gestalten. Im Anhang finden Sie einige Daten und Fakten zum Unternehmen sowie unsere bisherige Imagebroschüre. Bitte erstellen Sie uns dazu ein entsprechendes Konzept. Für ein erstes Treffen zur Besprechung der Einzelheiten schlage ich den 16. Juli vor…."

P.M. Bak, *Erfolgreiche Kundenansprache nach Plan*, essentials,
DOI 10.1007/978-3-658-13335-1_3

In diesem schriftlichen Briefing werden eine Reihe von Angaben gemacht, aber spätestens beim zweiten Lesen wird deutlich, dass noch nicht klar ist, was eigentlich zu tun ist. Es fehlen beispielsweise konkrete Angaben zu Zielen, Zielgruppen, Produkten, Unternehmen, Konkurrenz und Marktsituation.

Auch wird kein Budgetrahmen genannt. Viele Formulierungen sind zu vage. Was ist mit „Image nachhaltig verbessern" gemeint, was mit „Kommunikation neu ausrichten", was mit „Erscheinungsbild einheitlich gestalten" und wozu soll das Konzept konkret dienen? Zur Neupositionierung der Unternehmensmarke? Die Entwicklung eines Corporate Designs? Konkrete Maßnahmen? Oft ist es dem Auftraggeber gar nicht klar, dass er wesentliche Informationen einfach nicht weitergibt. Dies kann daran liegen, dass er bestimmtes Wissen als gegeben voraussetzt, oder dass es ihm selber nicht ganz klar ist. All das macht deutlich, dass das Briefing keinesfalls eine Auftragsvergabe ist, bei der man die Aufgabe passiv akzeptieren sollte. Im Gegenteil, bereits beim Briefingprozess geht es um ein ganz aktives Mitgestalten, bei dem es wichtig ist, dass beide Seiten, Auftraggeber und Auftragnehmer die gleiche Vorstellung von der Aufgabe haben. Zudem kennt der Kommunikationsprofi mögliche Probleme und kann daher bereits durch seine Fragen beratend tätig werden. Was ist also nötig?

Zunächst geht es nicht darum, so viele Informationen wie möglich zu erhalten, sondern die Aufgabenstellung zu klären und das Kriterium zu finden, welches die Erledigung der auferlegten Arbeit definiert. Außerdem muss der Budgetrahmen, die Zeitplanung und die Projektorganisation sowie die Verantwortlichkeiten und Ansprechpartner geklärt werden. Eine ungenaue Aufgabenstellung führt selten zum Erfolg und zur Zufriedenheit. Unklarheiten sollten direkt besprochen und aus dem Weg geräumt werden. Ergebnis des Briefings ist dann die Erstellung eines Projektplans, in dem die wichtigsten Schritte, Anfang und Ende des Projekts und seine einzelnen Phasen sowie deren zeitliche Ausdehnung festgehalten werden. In der Praxis hilft im Gespräch eine Briefing-Checkliste, an die wichtigen Aspekte zu denken. Darüber hinaus ist eine Protokollierung des Gesprächs sinnvoll. Das Protokoll dient später als Grundlage für das Rebriefing, das in jedem Fall erfolgen sollte. Das Rebriefing ist das Ergebnis des Briefings und der darüber angestellten Reflexionen, im Agenturfall etwa mit dem Projektteam. Dabei werden die Angaben des Auftraggebers analysiert, bewertet und danach geprüft, was noch fehlt, was das Ziel des Projekts ist und ob die Aufgabenstellung zur Zielerreichung ausreicht oder, ob gegebenenfalls weitere Maßnahmen zu empfehlen sind. Mit dem immer schriftlich zu verfassenden Rebriefing wird schließlich der Auftraggeber darüber informiert, wie man die Aufgabenstellung verstanden hat und welche Schritte geplant sind, mit der Bitte um eine entsprechende Freigabe. Dadurch sorgt man einerseits für ein klares Auftragsverhältnis und sichert sich andererseits ab, nur das zu leisten, was auch erwünscht ist. Wenn die Freigabe des Rebriefings erfolgt ist, kann die Arbeit mit der Situationsanalyse beginnen.

Der Prozess im Überblick:
Briefing – (Interne) Reflexionsphase und Ausarbeitung von Vorschlägen – Rebriefing – Freigabe.

PRAXISTIPPS

- Es empfiehlt sich für das Briefing eine entsprechende Checkliste mit zu bringen bzw. im Fall des schriftlichen Briefings dieses nach den auf der Checkliste aufgeführten Fragen zu durchleuchten.
- Der Auftrag sollte intern aus zwei Perspektiven diskutiert werden. Erstens: wurden alle wichtigen Punkte angesprochen? Zweitens: welche Punkte sollten aus Sicht der Kommunikationsprofis ergänzt werden?
- Verschaffen Sie sich unbedingt Klarheit über das Ziel des Auftrags. Häufig hat man im Gespräch den Eindruck, den Auftrag verstanden zu haben, wird jedoch beim Anstellen erster Überlegungen eines besseren belehrt. Was wird eigentlich verlangt? Zu welchem Zweck soll das geschehen? In welchem Ausmaß ist dies zu bearbeiten?

4 Wo stehen wir? Situationsanalyse

Mit der Situationsanalyse beginnt der erste bedeutende inhaltliche Arbeitsschritt bei der Erstellung eines Kommunikationskonzeptes. Die Kenntnis der aktuellen Situation des Unternehmens, des Marktes und der Wettbewerber ist eine wichtige Voraussetzung für die Formulierung von Kommunikationszielen und die Planung der zur Zielerreichung nötigen Schritte. Am Anfang stehen naturgemäß viele Fragen, die die Ausgangsbedingungen erfassen und beschreiben sollen: Von welchem Punkt starten wir in die geplante Kommunikation? Was wurde bisher unternommen? Was muss berücksichtigt werden? Was wurde bisher gemacht? Warum besteht die Notwendigkeit, etwas zu verändern? Was machen andere? Zur Beantwortung werden die zugänglichen und verfügbaren relevanten Informationen zum Unternehmen, seinen Produkten, bisherige Maßnahmen, Markt- und Wettbewerberinformationen zusammengetragen. Mit anderen Worten: Alles, was die aktuelle Situation verständlich und erklärbar macht, kann für das weitere Vorgehen und insbesondere für die Definition des Soll-Zustandes, und mehr noch für den Weg vom Ist zum Soll wichtig sein. Eine kritische Haltung gegenüber den Angaben ist durchaus förderlich, um von vornherein nicht in „Betriebsblindheit" zu verfallen. Im Idealfall erfolgt die Ist-Analyse aus zwei Perspektiven, nämlich aus der Innen- und Außenperspektive. Wenn es nämlich um optimale Kommunikation geht, dann müssen die Perspektive des Empfängers, wie weiter vorne beschrieben, unbedingt berücksichtigt werden. Richten wir zunächst den Blick nach innen. Wie sieht sich das Unternehmen, der Absender der kommunikativen Botschaft, selbst?

P.M. Bak, *Erfolgreiche Kundenansprache nach Plan*, essentials,
DOI 10.1007/978-3-658-13335-1_4

4.1 Innenperspektive

Wie wir bereits weiter vorne festgestellt haben, lässt sich an der Art der Kommunikation immer auch ablesen, mit wem man es da zu tun hat. Kommunikation ist, ob man es möchte oder nicht, immer auch ein Akt der Selbstdarstellung. Die Einschätzung des eigenen Wissens, von Kompetenzen und Möglichkeiten, der eigenen Geschichte und der Gestaltungsoptionen, all das hat Auswirkungen auf das Selbstverständnis des Senders und damit auch, wie er sich anderen gegenüber ausdrückt. Idealerweise passt die Selbstsicht zu der Außenansicht. Allerdings ist das eher selten der Fall. Häufig gibt es an verschiedenen Stellen Diskrepanzen, die es dann bei den anstehenden Maßnahmen zu berücksichtigen bzw. zu reduzieren gilt. Mehr noch: der Unterschied zwischen der Selbst- und Fremdsicht ist nicht zu selten der Ursprung von Problemen, die es durch die nun anstehenden Kommunikationsmaßnahmen zu lösen gilt. Es ist daher zunächst wichtig, anhand einer internen Analyse festzustellen, wie sich das Unternehmen selbst wahrnimmt, einschätzt und bewertet. Insbesondere geht es um die Themen Markt- und Wettbewerbssituation, Produkte, Kunden, Image, Geschäftsmodell sowie Unternehmenszweck und -ziele. Es lassen sich beispielsweise folgende Fragen stellen:

- Wer und was repräsentiert das Unternehmen?
- Welche Geschichte hat es? Wo kommt es her?
- Was ist das Erfolgsrezept des Unternehmens?
- Welche Unternehmensziele gibt es?
- Wie funktioniert das Geschäftsmodell?
- Existieren explizite Aussagen zu Vision und Mission?
- Was zeichnet die Mitarbeiter und Führungskräfte aus?
- Welche Unternehmenskultur wird gelebt?
- Wie wird im Unternehmen kommuniziert?
- Welche Kommunikationsinstrumente werden für die externe Kommunikation eingesetzt?
- Wie wurde bisher die externe Kommunikation gestaltet?
- Welche Produkte und welches Sortiment gibt es?
- Welche Produkte zeichnen sich besonders aus?
- Welche Kunden- und Anspruchsgruppen lassen sich definieren?
- Wer im Unternehmen hat zu welchem Anlass und an welcher Stelle mit welcher Aufgabe Kontakt mit den Anspruchsgruppen?
- Haben alle Kontaktpersonen im Unternehmen die gleiche Meinung vom Unternehmen?

- Welches Image hat das Unternehmen in den Anspruchsgruppen?
- Welche Stärken und Schwächen hat das Unternehmen?
- Wie ist die Marktsituation? Welche Trends gibt es? Welche Gefahren?
- Wer sind die Mitbewerber und wie sind diese positioniert?
- Wie sind die Produkte im Markt und gegenüber den Wettbewerbern positioniert?
- Warum wird die Notwendigkeit gesehen, Kommunikation zu betreiben?
- Was verspricht man sich von Kommunikation?
- Wie positioniert sich das Unternehmen und wie grenzt man sich von Wettbewerbern ab?

Anhand dieser Fragen kann man sich eine gute Vorstellung vom Wesen, der Geschichte und den Zielen des Unternehmens machen. Gleichzeitig bilden die Antworten eine entsprechende Basis zur Formulierung und Ausgestaltung realistischer und authentisch wahrgenommener Kommunikationsziele und -maßnahmen.

4.2 Außenperspektive

Bei der Betrachtung der Außenperspektive geht es vor allem darum, zu erkennen, wie das Unternehmen, das Unternehmensziel, die Produkte, gegebenenfalls die Mitarbeiter auf die relevanten Anspruchsgruppen wirken. Durch den Vergleich der Innen- und Außenperspektive lassen sich anschließend ganz einfach Stärken und Schwächen, oder allgemein Ist-Soll-Diskrepanzen aufdecken, auf die dann im späteren Kommunikationskonzept eingegangen werden kann. Konkret können ganz ähnliche Fragen wie bei der Betrachtung der Innenperspektive gestellt werden, also z. B.

- Was wissen die Anspruchsgruppen über das Unternehmen?
- Woher wissen sie das?
- Für was steht das Unternehmen in ihren Augen?
- Welche Produkte sind bekannt?
- Wie werden Unternehmen und Produkte bewertet?
- Wer sind die Hauptwettbewerber?
- Wie positioniert sich das Unternehmen?
- Wie unterscheiden sich Unternehmen/Produkte von Wettbewerbern?
- Was macht das Unternehmen/Produkte erfolgreich?
- Wo liegen Schwachpunkte?
- Wann werden Produkte gekauft?

- Gibt es Kaufbarrieren?
- Wie wird die bisherige Kommunikation bewertet?
- Was erwartet man, was wird gewünscht?

4.3 Vergleich Innen- und Außenperspektive

In einem weiteren Schritt ist es sinnvoll, die Ergebnisse der Innen- und Außenbetrachtungen zu vergleichen und auf mögliche Diskrepanzen bzw. etwaige Probleme für die nachfolgende Zielsetzung zu untersuchen. Wo zeigen sich Gemeinsamkeiten, wo Unterschiede? Auf diese Weise kommt man rasch zu einer guten Einschätzung der Ausgangslage, vor deren Hintergrund die späteren Kommunikationsziele formuliert werden können.

Der Prozess im Überblick:
Interne Analyse (Unternehmen, Kunden, Wettbewerber, Markt) – Externe Analyse – Zusammenfassung und Aufdeckung von Diskrepanzen

▶ PRAXISTIPPS

- Um ein sich gutes Bild über die Innenperspektive zu verschaffen, ist es ratsam, nicht nur auf „offizielle" Informationen zurückzugreifen, sondern zwei bis drei Mitarbeiter aus unterschiedlichen Hierarchieebenen aus dem Unternehmen zu befragen. Oft ergeben sich hier überraschende und wichtige Einsichten.
- Falls keine Informationen aus der Außenperspektive zur Verfügung stehen, gelangt man rasch zu wichtigen Erkenntnissen, wenn man mit Personen, die im Unternehmen häufig Außenkontakt haben, entsprechende Interviews durchführt.

Wen sprechen wir an? Zielgruppen-Profiling

5

Wie wir bereits ganz zu Beginn festgestellt haben, kommt der Analyse des Empfängers eine ganz besondere Rolle innerhalb des Kommunikationsprozesses zu. Die Botschaft kann noch so verständlich sein, die Absicht noch so klar, der Sender noch so seriös, am Ende entscheidet der Empfänger allein, wie er die Botschaft verstehen möchte. Und wie der Empfänger die Botschaft versteht, das hängt wiederum von zahlreichen Faktoren ab, etwa seinem Wissen, seinen bisherigen Erfahrungen, Persönlichkeitsmerkmalen, allgemeinen Vorlieben und Motiven sowie zahlreichen situativen Faktoren, wie etwa Motivation, Müdigkeit, Bedürfnissen oder den Zielen, die er gerade verfolgt. Auch die Art und Weise, wie mit (werblichen) Informationen umgegangen wird, ob die Informationen also auf dem peripheren oder zentralen Weg verarbeitet werden, hängen, wie wir bei der Betrachtung werbepsychologischer Konzepte festgehalten haben, von Faktoren auf Seiten des Rezipienten ab. Um dies entsprechend berücksichtigen zu können, ist eine genaue Kenntnis der Zielgruppe und eine Prognose der kommunikativen Wirkung am Kontaktpunkt unbedingt nötig. Häufig jedoch erschöpfen sich die Angaben zur Zielgruppe in Allgemeinplätzen, die sich für die optimale Ansprache kaum eignen. Dabei gilt: Je ganzheitlicher die Zielgruppen erfahrbar werden, je empathischer man der Zielgruppe nachempfinden kann, desto größer sind die Chancen auf eine erfolgreiche Kommunikation. Es lohnt sich daher stets, sich typische Personen aus der Zielgruppe in allen Lebensbereichen genau und so lebhaft wie möglich, vorzustellen. Es geht dabei nicht nur direkt um Konsumgewohnheiten, sondern auch um deren Lebenswirklichkeit. Wie wohnen sie? Was sind beliebte Urlaubsziele? Welche Musik wird gehört? Welche Vorlieben, Wünsche, Ziele und

P.M. Bak, *Erfolgreiche Kundenansprache nach Plan*, essentials,
DOI 10.1007/978-3-658-13335-1_5

Einstellungen charakterisieren die Zielgruppe? Welcher Lebensstil kennzeichnet sie? Es ist wichtig, die Zielgruppe nicht nur durch Stichworte zu beschreiben, sondern eine leibhaftige Vorstellung zu generieren. Ein empathisches Verständnis für den Empfänger ist dabei hilfreich. Je mehr ich mich in die Gedanken- und Gefühlswelt meines Gegenübers hinein versetzen kann, desto eher wird es mir gelingen, ihn so anzusprechen, dass er das, was ich ihm mitzuteilen habe, auch so versteht, wie es von mir gemeint war (Bak 2015). In der direkten Kommunikation, von Angesicht zu Angesicht, ist das zwar nicht immer ganz einfach, aber zumindest häufig möglich. Wie aber soll sich Empathie entwickeln, wenn über Massenmedien, häufig zeit- und ortsversetzt oder ganz allgemein nicht im direkten Kontakt kommuniziert wird? Eine Möglichkeit besteht darin, innerhalb der Anspruchsgruppen Personen zu identifizieren, die sich z. B. hinsichtlich ihrer internen Faktoren ähneln, die also über ähnliches Wissen verfügen, eine ähnliche Persönlichkeit besitzen, ähnliche Erfahrungen gemacht haben oder womöglich gerade ähnlichen Bedürfnissen nachgehen. Es geht mit anderen Worten darum, die Zielgruppe hinsichtlich relevanter Merkmale in möglichst homogene Teilgruppen zu segmentieren und ein Zielgruppen-Profil zu erstellen, das eine gute Vorhersage darüber erlaubt, welche Informationen die Personen an der Kontaktstelle benötigen und in welcher Verfassung die Zielpersonen wohl sind.

5.1 Segmentierungskriterien

Die Kriterien der Segmentierung können sich dabei auf ganz unterschiedliche Bereiche beziehen. Im Bereich des Konsumgütermarketings („B2C“) sind etwa die Unterscheidung zwischen geografischen, demografischen und psychografischen Segmentierungskriterien geläufig (vgl. Moser 2002).

Kriterium	Beispiel
Geographische Kriterien	
Gebiet	Staat, Bundesland, regional
Bevölkerungsdichte	Stadt, Land
Klima	Nördlich, südlich
Demographische Kriterien	
Alter	Unter 6, 6–12, 13–16, 18–22, 22–30, etc.
Geschlecht	Männlich, weiblich
Haushaltsgröße	1, 2, 3, 4, 5 und mehr Personen
Einkommen	Unter 1200,- Euro, zwischen 1201 und 2000 Euro, zwischen 2001 und 3000 Euro, mehr als 3000,- Euro

Kriterium	Beispiel
Beruf	Akademiker, Handwerker, Arbeiter, Student und Schüler, Hausfrau und Hausmann, Arbeitslose
Bildung	Hauptschule, Realschule, Gymnasium, Hochschule
Lebensphase	Jung und ledig, jung verheiratet, verheiratet mit und ohne Kinder, älter und verheiratet, älter und geschieden, in Rente und verwitwet, in Rente und verheiratet
Psychographische Kriterien	
Lebensstil	Normalverbraucher, Statusverbraucher, Jet-Setter
Persönlichkeitsmerkmale	Gesellig, konservativ, ehrgeizig
Markentreue	Nicht vorhanden, mittelmäßig, stark
Mediennutzung	Print, Internet, TV, Radio (viel vs. wenig)
Verwendungsintensität	Ab und zu, regelmäßig, potenziell

Da die Betrachtung dieser vielen unterschiedlichen Segmentierungskriterien recht schnell unübersichtlich wird, hat sich in den letzten Jahren die Verwendung der sogenannten Sinus-Milieus als besonders fruchtbarer Ansatz zum Zielgruppenprofiling herausgestellt. Die Sinus-Milieus gruppieren Menschen, die sich hinsichtlich ihrer Lebensauffassung, ihres Lebensstils ähneln. Es geht darum, die Zielgruppen ganzheitlich und in ihrem funktionalen und lebensweltlichen Kontext zu beschreiben. Da sich die gesellschaftlichen Kontextbedingungen im steten Wandel befinden, werden auch die Sinus-Milieus permanent angepasst. In der Version der Milieus aus dem Jahr 2015 werden folgende Milieus und dazugehörige Konsumnententypen unterschieden (vgl. www.sinus-institut.de):

Sozial gehobenes Milieu, bestehend aus:

- Konservativ-etabliertes Milieu (10 % der Bevölkerung): Klassisches Establishment
- Liberal-intellektuelles Milieu (7 %): Aufgeklärte Bildungselite
- Milieu der Performer (8 %): Effizienzorientierte Leistungselite mit globalökonomischem Denken
- Expeditives Milieu (8 %): Unkonventionelle, kreative Avantgarde

Milieus der Mitte, bestehend aus:

- Bürgerliche Mitte (13 %): leistungs- und anpassungsbereite bürgerliche Mainstream
- Adaptiv-pragmatisches Milieu (10 %): zielstrebige junge Mitte, pragmatisch und nuztenmaximierend
- Sozialökologisches Milieu (7 %): Idealistisch und konsumkritisch; globalisierungskritisch

Milieus der unteren Mitte/Unterschicht, bestehend aus:

- Traditionelles Milieu (13 %): Sicherheit und Ordnung liebende Nachkriegsgeneration (Kleinbürger)
- Prekäres Milieu (9 %): um Orientierung und Teilhabe bemühte Unterschicht mit reaktiver Grundhaltung
- Hedonistisches Milieu (15 %): spaß- und erlebnisorientierte moderne Unterschicht, Leben im Hier und Jetzt.

Für jedes Milieu bzw. Submilieu lassen sich entsprechende Konsumgewohnheiten und Wünsche angeben. Zusammen mit den Prozentzahlen zur Stärke der jeweiligen Gruppe können die Sinus-Milieus damit einen wichtigen Beitrag zu strategischen (Zielgruppen-)Planung leisten. Im Investitionsgüterbereich („B2B") stehen keine vergleichbaren Milieus zur Verfügung. Allerdings lassen sich auch hier Unternehmen differenzieren und segmentieren. Kriterien dafür sind z. B.

- Branche,
- Mitarbeiterzahl,
- Umsatz,
- Standort,
- Entscheidungsprozesse,
- Aufbau- und Ablauforganisation,
- Lieferantenbindung und -treue.

An dieser Stelle ist die Bemerkung wichtig, dass die Zielgruppe nicht identisch mit den bestehenden Kunden ist. Wenn wir im vorliegenden Fall von Zielgruppen sprechen, dann ist damit derjenige Personenkreis gemeint, den wir durch unsere Kommunikation erreichen möchten. Kunden können durchaus zu dieser Zielgruppe gehören, müssen aber nicht mit der Zielgruppe identisch sein. Da man jedoch meistens über seine Kunden relevante Daten zur Verfügung hat, kann es in beiden Fällen, also im B2C wie im B2B, durchaus sinnvoll sein, die vorhandenen Kunden genau zu analysieren und daraus Rückschlüsse über die Definition der Zielgruppe zu ziehen. So können sich daraus Erkenntnisse über noch nicht bediente bzw. überrepräsentierte Zielgruppensegmente ergeben. Am Ende des Zielgruppenprofilings steht eine zusammenfassende Beschreibung, inklusive Relevanzgewichtung derjenigen Zielgruppen, die im vorliegenden Fall besonders wichtig sind und angesprochen werden sollen.

5.2 Zielgruppendifferenzierung

Es ist weiter zu empfehlen, nicht nur an (potenzielle) Kunden zu denken, sondern auch zu analysieren, wer alles in welcher Funktion auf den Kaufprozess Einfluss nimmt. So gibt es vielleicht Personen, die Kaufempfehlungen aussprechen oder die für die Weitergabe an relevanten Informationen wichtig sind oder deren Rat gefragt ist. Dies gilt vor allem für *high-involvement*-Produkte oder in Entscheidungssituationen, die mit einem großen Risiko verbunden sind. Besonders im B2B-Bereich ist daher die Analyse des sogenannten *Buying Centers* bedeutsam. Mit dem *Buying Center* ist der Personenkreis gemeint, der bei Kaufentscheidungen in Unternehmen die Entscheidung auf relevante Art und Weise mit beeinflusst. Das können, je nach Branche, Unternehmensgröße und -organisation, neben dem Geschäftsführer beispielsweise die Fachleiter sein, also Einkaufsleiter, der Produktionsleiter, Personalleiter oder Referenten und Experten, aber auch Produktverwender. Da mit jeder Funktion innerhalb des Unternehmens andere Informationen zur Beurteilung des in Frage stehenden Produktes relevant sind, ist es bedeutsam, die Kommunikation differenziert zu betreiben. Wenn wir an die Weißblechstanzmaschine aus unserem Beispiel denken, so ist es für den Produktionsleiter wichtig, wie einfach eine Maschine in die laufende Produktion integriert werden kann und welche Stückzahlen sie produziert. Der Einkäufer interessiert sich vor allem für finanzielle Aspekte, der Anwender dafür, wie einfach die Bedienung ist und der Personalleiter womöglich, ob aufwendige Schulungen nötig sind.

Im B2C-Bereich, in dem es häufig um *low-involvement*-Produkte geht, werden Entscheidungen dagegen in der Regel vom Käufer allein getroffen. Hier kann es aber sinnvoll sein, zu untersuchen, ob es in der Käuferschicht Personen gibt, die für andere Käufer besonders bedeutsam sind (Promoter) und über welche anderen Personen sich Käufer über das Produkt informieren. Kritiker, Blogger oder Personen, die in der Öffentlichkeit stehen müssen aufgrund ihrer großen Wirkung besonders berücksichtigt und gegebenenfalls mit speziellen Informationsangeboten versorgt werden.

5.3 Kontaktpunktanalyse

Im Zusammenhang mit der Zielgruppenanalyse bzw. -differenzierung sollte eine Kontaktpunktanalyse durchgeführt werden. Denn es geht nicht nur darum, zu bestimmen, wer die Botschaft erhalten soll, sondern diejenigen Orte und Zeitpunkte zu finden, an denen die Zielgruppe Kontakt mit dem Unternehmen hat. Es geht um die Analyse der Umstände, unter denen die Begegnung mit der Zielgruppe stattfindet. Denn diese bestimmen, wie es durch das Elaboration-Likelihood-Modell beschrieben wird, entscheidend mit, ob die Verarbeitung der Werbebotschaft eher randständig, also auf dem peripheren Weg erfolgt, oder ob der zentrale Weg eingeschlagen wird. Es ist daran zu denken, dass jeder Kundenkontakt im Idealfall zielorientiert genutzt wird, sich aber genauso gut negativ auf das Kommunikationsziel auswirken kann, z. B. wenn die Botschaft nicht verstanden wird. Der grundlegende Ablauf einer Kontaktpunktanalyse lässt sich wie folgt beschreiben:

- Feststellung der Kontaktpunkte: An welchen Stellen kommt es zum Kontakt zwischen Unternehmen/Produkt und Kunden?
- Feststellung der Kontaktqualität: Wie ist die Kontaktqualität?
- Feststellung des Kontaktkontextes: Wer nimmt noch Kontakt mit dem Kunden auf? Wie ist das Umfeld?
- Bewertung hinsichtlich der Zielpassung: Was trägt der Kontakt zur Zielerreichung bei?
- Bewertung hinsichtlich der Effizienz: Wie wirkungsvoll ist der Kontakt?
- Bewertung hinsichtlich konkreter Maßnahmen: Wie eignet sich der Kontakt für konkrete Maßnahmen?
- Bewertung hinsichtlich des Aufwandes: Wie aufwendig und kostenintensiv ist der Kontakt?

Anschließend werden alle Kontaktpunkte hinsichtlich ihrer Relevanz, Brauch- und Machbarkeit bewertet und diejenigen Kontaktpunkte bestimmt, die für das weitere Vorgehen von Bedeutung sind. Dabei spielen natürlich auch Kostengesichtspunkte sowie Personalgesichtspunkte eine Rolle, etwa, wenn es um direkte Interaktionssituationen geht, für die entsprechendes Personal mit entsprechenden Kompetenzen vorhanden sein muss. Dies gilt insbesondere auch für eventuelle Social Media-Aktivitäten, die einerseits zwar schnell umgesetzt werden können, deren adäquate Bedienung jedoch ohne permanenten Personaleinsatz nicht möglich ist.

Der Prozess im Überblick:
Zielgruppendefinition – Zielgruppdendifferenzierung – Kontaktpunktanalyse – Festlegung relevanter Kontaktpunkte

▶ PRAXISTIPPS

- Allgemein ist es bedeutsam, sich die Zielgruppe nicht nur „vom Schreibtisch" anzusehen oder sich zu „denken, wie die wohl ticken". Der konkrete Umgang mit Personen aus der Zielgruppe ist viel wichtiger.
- Im Konsumgüterbereich (B2C) kann man in die Lebenswelt der Kunden eintauchen, in dem man beispielsweise Orte und Veranstaltungen aufsucht, an denen man Vertreter der Zielgruppe antreffen kann. Auch kann man einen prototypischen Tageslauf der Zielperson beschreiben und sich in die Gedanken- und Gefühlswelt hineinversetzen.
- Im Investitionsgüterbereich (B2B) ist es sinnvoll, sich z.B. die Unternehmen von innen anzusehen, Produktion und Werkstatt zu besuchen etc. Eventuell können auch Kunden des beauftragenden Unternehmens befragt werden.

Was wollen wir kommunizieren? Zieldefinition

6

Im nächsten Schritt geht es darum, zu formulieren, welche kommunikative Botschaft an die Zielgruppe gesendet werden soll. Ausgehend von der Situationsanalyse und dem Zielgruppenprofiling muss nun festgelegt werden, welches das eigentliche Kommunikationsziel ist. Wer soll was, auf welche Weise erfahren? Dieses Kommunikationsziel muss sich aus den übergeordneten, strategischen Unternehmens- und Marketingzielen ableiten lassen und sich auch mit den anderen bereichsspezifischen Zielen (Personal, Einkauf etc.) vertragen. Betrachten wir daher kurz die verschiedenen Zielebenen (siehe Abb. 6.1):

6.1 Unternehmensziel

Mit dem Unternehmensziel wird allgemein die grundlegende Ausrichtung eines Unternehmens, sein Zweck oder seine langfristige strategische Ausrichtung beschrieben. Es kann auch mehrere – qualitative wie quantitative – Unternehmensziele geben, die sich in Ober- und Unterziele gruppieren lassen oder sich auf verschiedene Zielebenen beziehen, z. B. finanz-, leistungs- oder führungsbezogene Ziele. Beispiel: „In 10 Jahren die Marktführerschaft erreichen". Aus diesem Oberziel leiten die verschiedenen Unternehmensbereiche ihre eigenen Ziele ab.

P.M. Bak, *Erfolgreiche Kundenansprache nach Plan*, essentials,
DOI 10.1007/978-3-658-13335-1_6

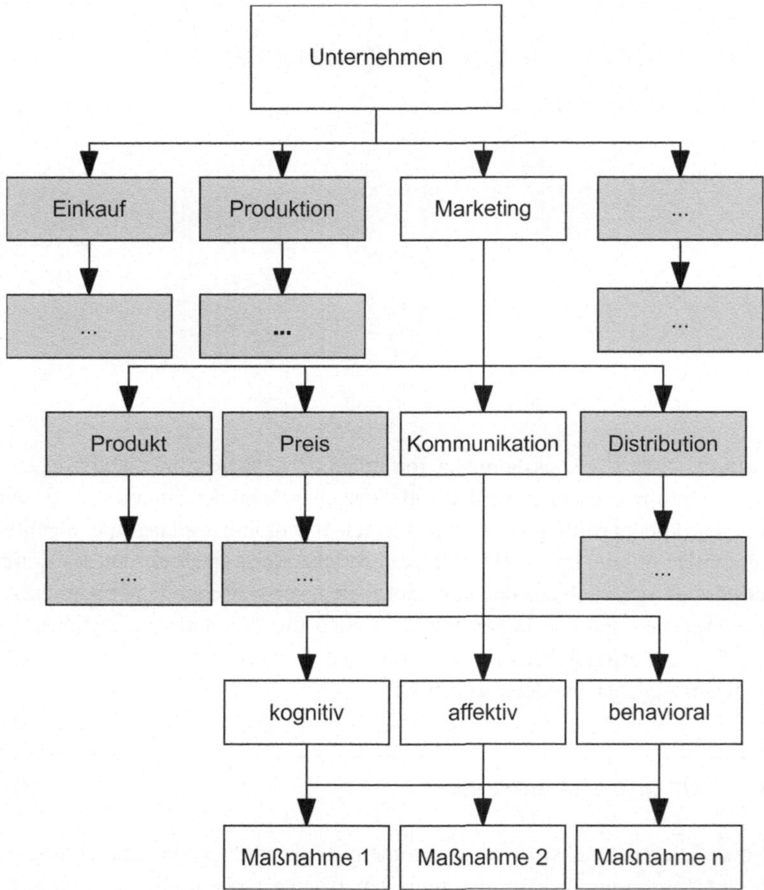

Abb. 6.1 Zielebenen und Zielableitungen

6.2 Bereichsziele

Unternehmen lassen sich in unterschiedliche Bereiche gliedern. Klassischerweise etwa in Einkauf, Produktion, Personal, Marketing und Vertrieb, Forschung und Entwicklung. Jeder dieser Teilbereiche ist nun aufgefordert, aus dem vorgegebenen Unternehmensziel ein entsprechendes Bereichsziel abzuleiten, dass die Erreichung des Oberziels unterstützt. Die Bereichsziele sind damit bereichsspezifische Operationalisierungen des Unternehmensziels. Beispiele:

- Personalziel: Gewinnung geeigneter Mitarbeiter und Schulung vorhandener Mitarbeiter
- Produktionsziel: Effizienzsteigerung um 10 %
- Einkaufsziel: Einsparungen von 8 %
- Marketingziel: Steigerung des Marktanteils um 20 % und Imageverbesserung

Aus den bereichsspezifischen Zielen lassen sich erneut Unterziele ableiten. Im Fall der Marketingziele etwa Ziele, die die Produkte, die Preisgestaltung, die Distribution oder die Werbung betreffen. Bei den Werbezielen kann dann weiter zwischen ökonomischen (z. B. Umsatz) und außerökonomischen Zielen (z. B. Image) unterschieden werden, womit wir bei den Kommunikationszielen angelangt sind.

6.3 Kommunikationsziele

Was also soll an wen zur Erreichung des Marketingziels kommuniziert werden? Diese Frage gilt es bei der Festlegung der Kommunikationsziele zu beantworten.

Beispiel:

Die Zielgruppe soll lernen, dass das Unternehmen ein junges Unternehmen mit Tradition ist, das die besten Lösungen zum fairen Preis anbietet.

Werden mehrere Zielgruppen angesprochen, so kann es auch zielgruppenspezifische Kommunikationsziele geben. Außerdem muss bei der Formulierung der Ziele auf die Ergebnisse der Situationsanalyse zurückgegriffen werden. Welche Ziele lassen sich angesichts der Betrachtung von Innen- und Außenperspektive glaubhaft formulieren? Auf was muss geachtet werden? Darüber hinaus können in Anlehnung an werbepsychologische Konzepte (vgl. z. B. Bak 2014) die Kommunikationsziele nochmals in kognitive, affektive und behaviorale Ziele differenziert werden.

Kognitive Kommunikationsziele: Hier geht es vor allem um sachbezogene Ziele. Welche Sachinformationen sollen vermittelt werden, was soll die Zielgruppe vom Sender lernen und erfahren. Insbesondere soll hier die Frage beantwortet werden, welcher Nutzen und Zusatznutzen geboten wird. Nutzen meint dabei den unmittelbar instrumentellen Nutzen eines Produktes, der Zusatznutzen dagegen bezieht sich auf einen (psychologischen) Mehrwert.

Affektive Kommunikationsziele: Wie es der Name sagt, geht hier darum festzuschreiben, welche emotionalen Botschaften vermittelt werden sollen. Wie soll die Sachbotschaft verpackt werden, welche Werte und emotionalen Aspekte eignen sich in der Zielgruppe besonders zur Verankerung der Botschaft? Beispielsweise kommt eine Botschaft, die sympathisch wahrgenommen wird, besser an. Affektive Ziele sind auch dann besonders wichtig, wenn es darum geht, die Zielpersonen auf dem peripheren Weg anzusprechen.

Behaviorale Kommunikationsziele: Die behavioralen Kommunikationsziele (Verhaltensziele) wiederum definieren konkrete Zielaussagen über das Verhalten der Zielgruppe. Zu welchem Verhalten und zu welchem Zeitpunkt und über welchen Zeitraum soll die Zielgruppe bewegt werden?

Die drei Zielebenen sind dabei nicht exklusiv zu verstehen, sondern ergänzend bzw. bei konkreten Maßnahmen unterschiedlich bedeutsam. So können affektive und kognitive Ziele bei einer Postwurfsendung im Vordergrund stehen, im Radio dagegen vor allem behaviorale Ziele dominieren, womit wir bei der letzten Zielebene angelangt sind: den Maßnahmenzielen.

6.4 Maßnahmenziele

Im letzten Schritt ist zu prüfen, mit welchen Maßnahmen welches Kommunikationsziele optimal operationalisiert werden kann. Einzelne Maßnahmen können beispielsweise ein Event, eine Broschüre, ein Plakat, ein Radio-/TV-Spot oder ein Newsletter sein. In Abhängigkeit vom Ergebnis der Kontaktpunktanalyse werden die geeigneten Maßnahmen zur Umsetzung des Kommunikationszieles bestimmt. Bei der Vielzahl an Ober- und Unterzielen ist es sinnvoll, sich die Ziele in einer Übersicht zu vergegenwärtigen. Ebenfalls sollten die unterschiedlichen Ziele nach ihrer Bedeutung gewichtet werden. Es ist darauf zu achten, dass die Ziele nicht einfach als Wunschziele formuliert werden, sondern als Ziele, die zu den Randbedingungen, die sich aus der Situationsanalyse ergeben haben einerseits, den Besonderheiten der Zielgruppe und des Rezeptionskontextes andererseits, passen und auch realistisch erreichbar sind. Auch empfiehlt es sich, die festgelegten Ziele unter der Markt- und Wettbewerberperspektive zu betrachten und zu prüfen, inwieweit sie dazu geeignet sind, sich von der Konkurrenz zu differenzieren und sich eine klare, eindeutige und erkennbare Position im Markt zu sichern.

6.5 Positionierung

Mit der Entwicklung von Kommunikationszielen geht automatisch eine Positionierung des Unternehmens/Produkts einher. Mit Positionierung ist dabei die Einordnung des Unternehmens/Produktes, auf Basis relevanter Entscheidungskriterien im Vergleich zu den Wettbewerbern, gemeint. Als Entscheidungskriterien bieten sich zentrale Werte und Zielsetzungen des Unternehmens an bzw. solche Inhalte, die als zentrale Kommunikationsziele benannt wurden. Wenn mehr als zwei Vergleichskriterien relevant sind, lässt sich daraus eine Position innerhalb einer zweidimensionalen Fläche ermitteln und anhand eines Positionierungskreuzes darstellen (vgl. Abb. 6.2), bei drei Kriterien eine Position im dreidimensionalen Raum. Die Hinzunahme weiterer Kriterien empfiehlt sich nicht, um die Positionierung nicht zu komplex zu gestalten. Ausgehend von der Ist-Positionierung kann nun überlegt werden, welche Zielpositionierung (Soll-Position) unter den gegebenen Randbedingungen anzustreben ist. Dabei mag es sinnvoll sein, zwischen möglicher Position und idealer Position zu unterscheiden. Ersteres beschreibt die derzeit realistische Positionierung, Letzteres die in weiterer Zukunft liegende Endposition. Die Positionierung sollte unter der Maxime geschehen, möglichst solch eine Position zu erreichen, die zum einen positiv wahrgenommen wird, zum anderen von niemand sonst eingenommen wird. Das gewährleistet dann die unverwechselbare Marktposition, die im Idealfall erreicht wird und gehalten werden soll. Zur Ermittlung der Ist-Positionierung können die Informationen aus der Konkurrenz- und Marktanalyse herangezogen werden.

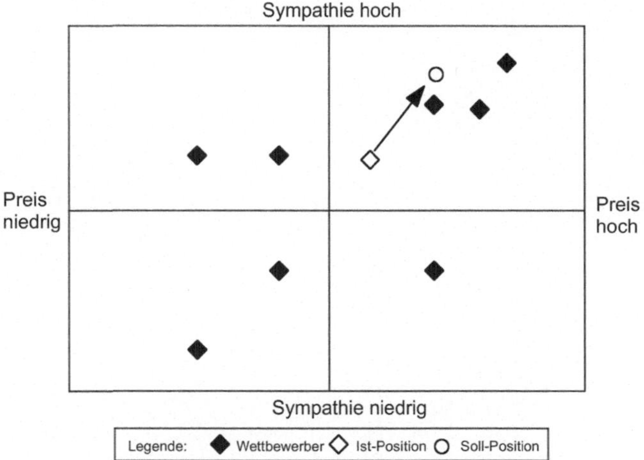

Abb. 6.2 Positionierungskreuz

Der Prozess im Überblick:
Entwicklung einer Zielhierarchie – Differenzierung nach Zielarten (kognitiv, affektiv, behavioral) – Ist- und Soll-Positionierung

▶ PRAXISTIPPS

- Ob Ziele und Unterziele zueinander passen kann am besten durch eine bidirektionale Betrachtung geprüft werden. Hier wird nicht nur gefragt, in welche Unterziele sich ein Oberziel aufteilen lässt, sondern auch umgekehrt, auf welche Oberziele die gewählten Unterziele passen.
- Ziele sollten erreichbar sein. Es empfiehlt sich daher, neben den eigentlichen Zielen auch direkt Kriterien zu benennen, an denen man das Erreichen des Ziels ablesen kann.

Wie wollen wir kommunizieren? Kommunikationsdramaturgie

7

Nachdem die Zielgruppe definiert und die Kommunikationsziele definiert sind, stellt sich als nächstes die Frage, wie die Kommunikation am besten verlaufen soll. Mit „wie" ist zum einen die inhaltliche Argumentation gemeint, zum anderen grundlegende gestalterische Aspekte, die die Kommunikation optimal unterstützen sollen. Am einfachsten lässt sich die Situation anhand von sechs W-Fragen beschreiben:

- **Was** ist der Gegenstand der Kommunikation?
- **Wer** sagt das?
- **Warum** kann er das sagen?
- **Wie** sagt er es?
- **Wozu** soll ich mich damit beschäftigen?
- **Was** folgt als Nächstes?

Betrachten wir diese Fragen etwas genauer.

7.1 Was ist der Gegenstand der Kommunikation?

Zunächst geht es darum, die Kernbotschaft(en) zu definieren bzw. nach Wichtigkeit zu ordnen. Um was geht es eigentlich? Was muss unbedingt kommuniziert werden? Was ist eher zweitrangig? Warum hat die Nachricht Mitteilungswert? Ist die Botschaft eindeutig? Erinnern wir uns auch nochmals an das Kommunikationsmodell

P.M. Bak, *Erfolgreiche Kundenansprache nach Plan*, essentials,
DOI 10.1007/978-3-658-13335-1_7

von Schulz von Thun (1981), das wir zu Beginn kurz erläutert haben. Eine Botschaft ist eben nicht nur eine Botschaft, sondern beinhaltet stets mehrere Dimensionen. Welche davon steht im Zentrum? Ist dem Sender wirklich klar, was er kommunizieren will und kann er es so formulieren, dass es auch dem Empfänger klar ist? Und vor allem, lässt sich die Kernbotschaft auch knapp und leicht verständlich übermitteln? Zur werblichen Kommunikation haben wir in der Regel nicht all zu viel Zeit und können häufig nicht mit einem all zu großen Interesse seitens der Zielpersonen rechnen. Wir müssen mit der Botschaft ins Schwarze treffen. Es wird schnell deutlich: die Definition des Kommunikationsziels ist das eine, die Botschaft entsprechend zu formulieren, ist etwas ganz anderes. Wir müssen dabei unbedingt sicherstellen, dass Sender und Empfänger über das gleiche Kommunizieren. Es empfiehlt sich an der Stelle stets, die einmal festgelegte Formulierung an verschiedenen Personen aus dem Kreis der Zielgruppe zu testen und dabei zu prüfen, wie die Botschaft verstanden wird und wie sie ankommt.

7.2 Wer sagt das?

Als nächstes muss der Absender der Botschaft charakterisiert werden. Wer schickt die Botschaft? Von ihm hängt es ab, ob man ihm gerne zuhört, ob man ihm die Botschaft abnimmt, ob man sich für ihn interessiert oder, ob man ihn überhaupt als legitimen Absender identifiziert. Es ist auch darauf zu achten, insbesondere bei mehreren Maßnahmen, dass der Absender jedes Mal als der gleiche wahrgenommen wird. Ein einheitliches Auftreten ist also besonders wichtig. Um dies sicherzustellen hat sich die Entwicklung einer *Corporate Identity* (und im Anschluss eines *Corporate Designs*) als besonders hilfreich herausgestellt. Unter der *Corporate Identity* versteht man allgemein die Unternehmenspersönlichkeit, die die Gesamtheit aller (Charakter-)Merkmale des Unternehmens umfasst, das also, was das Unternehmen ausmacht, das für was das Unternehmen steht. Dabei handelt es sich einerseits um die Werte des Unternehmens, festgehalten z. B. in der Unternehmensverfassung oder den *Vision-* und *Mission-Statements* sowie das, was man als Unternehmenskultur bezeichnet, andererseits bezieht sich die *Corporate Identity* auch auf das konsistente Auftreten und Verhalten des Unternehmens bzw. seiner Mitarbeiter untereinander und zu den Anspruchsgruppen. Die *Corporate Identity* wird daher auch häufig in die Bereiche *Corporate Design*, *Corporate Behavior* und *Corporate Communication* und *Corporate Culture* eingeteilt. Das *Corporate Design* ist dabei ein explizites und verbindliches Regelwerk zur Gestaltung aller Kommunikationsmaßnahmen. Von der Farbgebung, der Gestaltung von Texten, Überschriften, Powerpointpräsentationen bis hin zum Unternehmenslogo werden hier genaue Angaben zur Gestaltung gemacht. Dies sichert dann maßnahmenübergreifend einen gleichen, wiedererkennbaren kommunikativen Auftritt. Mit *Corporate Behavior* meint man dagegen das festgelegte und einheitliche Verhalten in der Öffentlichkeit. Dies geht von der Art der Begrüßung bis hin zum Umgang mit Beschwerden und betrifft demnach insbesondere Personen, die an den Kontaktstellen arbeiten. Mit der *Corporate Communication* die gesamte Unternehmenskommunikation nach innen wie nach außen beschrieben. Auch hier geht es darum, durch explizite und verbindliche Regeln ein einheitliches Auftreten und eine klare Unternehmenspersönlichkeit zu demonstrieren. *Corporate Culture* bezeichnet schließlich die Unternehmenskultur.

7.3 Warum kann er das sagen?

Als nächstes muss geklärt werden, was den Absender überhaupt legitimiert, eine solche Botschaft zu versenden. Es geht also in der werblichen Kommunikation nicht nur darum, Behauptungen aufzustellen, sondern zu belegen, dass man in der Lage ist, das Versprochene einzuhalten, etwa, weil man über eine entsprechende Tradition, Kompetenzen, Personal oder andere Möglichkeiten verfügt. Es macht beispielsweise einen großen Unterschied, ob mir ein Elektriker oder ein Klemptner verspricht, das verstopfte Waschbecken zu reparieren oder, ob ich es mit einem alteingesessenen Unternehmen oder einem *Start-up* zu tun habe. Allgemein gesprochen muss sich der Absender eine Begründung dafür zurecht legen, dass er die Aussage treffen kann, eine Begründung die im besten Fall zutrifft und dem Empfänger auch einleuchtet und überzeugt.

7.4 Wie sagt er es?

In Abhängigkeit von den Randbedingungen, den Rezeptionsbedingungen, den Merkmalen des Absenders sowie der Argumentstärke muss die „Verpackung" der Botschaft geklärt werden. Je nach Stärke der Argumente kann das „wie" sogar wichtiger als die Inhalte sein. Wir haben das weiter vorne bereits im Zusammenhang mit dem *Involvement* beschrieben. Bei starken Argumenten ist es wichtig, dass diese auch als solche erkannt und wahrgenommen werden. In *high-involvement*-Situationen oder Produkten wird der Empfänger die Werbebotschaft vermutlich auf dem zentralen Weg verarbeiten, er ist informationsbedürftiger und kritischer. Alles was ablenkt kann hier nur schaden. Im Gegensatz dazu kann es bei schwächeren Argumenten sinnvoll sein, den Empfänger durch ein attraktives Auftreten von sich zu überzeugen. Auch ist bei *low-involvement*-Situationen oder Produkten darauf zu achten, dass ich den Rezipienten auf dem peripheren Weg erreichen kann. Es geht aber auch darum, wie man als Absender bzw. wie die Botschaft „rüberkommt". Will man seriös wirken, humorvoll oder auf äußere Reize setzen? Man spricht hier allgemein auch von Tonalität. Die Tonalität bezieht sich dabei auf alle Gestaltungsaspekte, also auf die verwendete Sprache, Bilder, Zeichen, Musik, Farben, Humor oder Erotik. In vielen Fällen empfiehlt sich die Entwicklung einer Leitidee, die auf Basis der kommunikativen Botschaft den darstellbaren Rahmen über alle kreativen Maßnahmen spannt. Diese Leitidee ist quasi das Motto, unter dem die Texter und Gestalter dann die konkreten Motive und Texte entwerfen und die sich dann in allen Maßnahmen wiederfindet.

7.5 Wozu soll ich mich damit beschäftigen?

Dem Adressaten der Botschaft muss deutlich gemacht werden, was er davon hat, sich mit der Botschaft auseinanderzusetzen. Er muss einen Nutzen davon haben, wobei man hier zwischen Grund- und Zusatznutzen zu unterscheiden hat.

Der Nutzen kann zunächst rein instrumentell oder funktional verstanden werden, also in der Lösung einer Aufgabe oder eines Problems bestehen. Die Weißblechtstanzmaschine aus unserem Beispiel wird etwa dazu verwendet, aus einer Rolle Weißblech, Dosen zu stanzen. Daneben lässt sich in der Regel noch ein Zusatznutzen, ein Mehrwert angeben. In Konkurrenzsituationen gibt dieser sogar häufig den Ausschlag. Der Zusatznutzen kann sich beispielsweise auf emotionale Aspekte beziehen. Hier geht es dann nicht darum, dass mir das Produkt dabei hilft, dass ich die Aufgabe löse oder das Ziel erreiche, sondern wie gerne ich das damit mache, wie es sich also anfühlt, das Produkt zu nutzen. So macht es unter Umständen mehr Spaß, ein Markenprodukt zu nutzen oder ein Produkt, dass gerade *en vogue* ist. Aber auch besondere Produktmerkmale können als Zusatznutzen kommuniziert werden. Das kann ein Ausstattungsmerkmal sein oder eine raffinierte Funktion. Noch besser ist es, wenn das Produkt sogar ein Alleinstellungsmerkmal aufweist, für das sich die Abkürzung USP eingebürgert hat. USP ist dabei ein Akronym für *Unique Selling Proposition*. Mit dem USP wird ein wirklicher guter Grund angegeben, sich mit der Botschaft zu beschäftigen. Kein Wettbewerber verfügt über dieses Erkennungsmerkmal. Je einzigartiger dieses Merkmal, desto besser. Im Fall unserer Weißblechtstanzmaschine könnte das ein besonders einfaches Bedienungskonzept sein, dass einzigartig auf dem Markt ist. Findet man jedoch kein solches Merkmal, kann man stattdessen auf ein einzigartiges

Kommunikationsversprechen, die sogenannte *Unique Advertising Proposition* (UAP) setzen. Damit ist gemeint, dass eine bestimmte Eigenschaften oder ein Merkmal kommunikativ besonders hervorgehoben wird, das die Konkurrenz so noch nicht als etwas Besonderes kommuniziert. Etwa der 24-monatige Vor-Ort-Service, der zwar vom Wettbewerb auch angeboten wird, aber nicht besonders betont wird. Beim UAP geht es also nicht um faktische Unterscheide, sondern rein um eine selektive Kommunikation.

7.6 Was folgt als Nächstes?

Bei den meisten werblichen Botschaften geht es aber nicht nur darum, zu informieren, ein Produkt(-merkmal) vorzustellen oder einen Nutzen zu präsentieren, es geht irgendwann auch darum, den Empfänger der Botschaft zu etwas zu bewegen. Er soll von der passiven Rezeptionssituation zu einer aktiven Position gebracht werden. Es ist daher zu überlegen, welche Informationen, welche Botschaften genau das bewirken können. Es macht hier durchaus Sinn, den gesamten Kontaktprozess zwischen Absender und Empfänger durch zu gehen und zu analysieren, an welchen Stellen der Empfänger am ehesten zu aktivieren ist bzw. welche Botschaften wann nötig sind, um das zu bewerkstelligen.

Der Prozess im Überblick:
Botschaft formulieren – Botschaft testen – Absender definieren – Legitimation angeben – Tonalität definieren – kreative Leitidee formulieren – Gründe und Nutzen definieren – USP/UAP angeben – gewünschtes Verhalten festlegen

PRAXISTIPPS

- Achten Sie schon beim Briefing bzw. beim Zusammenstellen von Unterlagen darauf, nach einem eventuell vorhandenen *Corporate Design Manual* zu fragen und Informationen zu Unternehmensverfassung oder *Vision-* und *Mission- Statements* zu bekommen. Falls es diese nicht gibt, lässt sich die Persönlichkeit eines Unternehmens auch grob über einige Mitarbeiterinterviews abschätzen, die man etwa im Rahmen der Situationsanalyse durchführen kann.
- Es kann hilfreich sein, die 6 W-Fragen dazu zu verwenden, um eine kurze „Geschichte" mit den Aspekten Relevanz des Produktes, Eigenschaften des Produktes, Nutzen des Produktes, Legitimation, Einzigartigkeit des Produktes zu schreiben, die den gesamten

Prozess beleuchtet und in plausibler Art und Weise für einen Außenstehenden verständlich macht. Versteht eine unbeteiligte Person die Geschichte, die Angaben zu allen 6 W's beinhaltet und findet sie sie ansprechend, dann ist das ein guter Hinweis darauf, dass man die Fragen überzeugend beantwortet hat.

- Zur Überprüfung einer guten Formulierung des Kommunikationziels sollte man unbedingt den Praxistest machen, d.h. mehreren Mitgliedern der Zielgruppe die Formulierung vorlegen und prüfen, ob die Botschaft so ankommt wie beabsichtigt.

Durchführung: Welche Maßnahmen werden umgesetzt? 8

Nach der ganzen Vorarbeit stellt sich am Ende die Frage, welche konkreten kommunikativen Maßnahmen realisiert werden können, um das gewünschte Ziel zu erreichen. Und das ist alles andere als eine einfache Aufgabe, betrachtet man die Vielzahl an Medien bzw. möglichen Maßnahmen, die zum Einsatz kommen können: Flyer, Plakate, Broschüren, Briefe, Videowalls, soziale Medien, Sponsoring, Videos, Guerilla Aktionen, eine Homepage, ein Radiospot, eine TV-Werbung, soziale Medien, PR etc. Was also soll zur Kommunikation genutzt werden? Ziel ist nicht mehr und nicht weniger als „mit einem festgelegten Budget, bestimmte Personen entsprechend der Kommunikations- und Werbeziele zielgerecht im richtigen Zeitpunkt mit den richtigen Medien in einem bestimmten Gebiet genügend oft mit einer bestimmten Botschaft (Kommunikationsangebot, Werbemittel) ökonomisch anzusprechen“ (Bak 2014, S. 145). Wir sprechen hier also von der Maßnahmen- und Mediaplanung.

8.1 Maßnahmen- und Mediaplanung

In der Regel findet die Kommunikation nicht nur in Form einer einzigen Maßnahme oder die Kommunikation über ein Medium statt. Vielmehr soll ein ganzes Maßnahmenbündel, in denen verschiedene Medien genutzt werden, den Kommunikationserfolg absichern. Bei der Vielzahl an verfügbaren Maßnahmen bzw. Medien muss zuvor eine entsprechende Analyse und Bewertung stattfinden, in denen für die gegebenen Randbedingungen – Budget, Zielgruppe, Ziele – die geeigneten Maßnahmen und

P.M. Bak, *Erfolgreiche Kundenansprache nach Plan*, essentials,
DOI 10.1007/978-3-658-13335-1_8

Medien ausgesucht werden. Bei diesem Intermediavergleich sind alle in Frage kommenden Maßnahmen und Medien hinsichtlich folgender Gesichtspunkte zu bewerten:

Reichweite: Anzahl von Personen, die mit der Maßnahme mindestens einmal erreicht werden

Kontaktintensität: Damit ist gemeint, ob es eher zu einem oberflächlichen Kontakt kommt (*low involvement*), oder ob eine stärkere Auseinandersetzung mit den angebotenen Informationen stattfindet (*high involvement*).

Kontakthäufigkeit: Häufigkeit, mit der die Empfänger mit der Maßnahme erreicht werden.

Kontaktpreis: Kosten pro Maßnahme oder Medium die beim Kontakt zur Zielgruppe entstehen. Damit können die verschiedenen Maßnahmen gut gegeneinander abgewogen werden. In der Mediaplanung hat sich hier der sogenannte Tausend-Kontakt-Preis (TKP) eingebürgert, der angibt, wie viel es kostet, um 1000 Zielpersonen zu erreichen.

Außerdem müssen die Maßnahmen/Medien danach beurteilt werden, wie gut sie zu den avisierten Zielen, dem Absender und der Botschaft passen. Eine aufwendige Imagebroschüre ist für ein *Start-up*-Unternehmen womöglich weniger zielführend als die Verwendung von Online-Kanälen oder der Auftritt in sozialen Medien. Eine hochwertige Anzeige passt eher in ein Hochglanzmagazin als in eine Boulevardzeitung. Diese Aufgabe wird bei zunehmender Maßnahmen- bzw. Medienanzahl sehr unübersichtlich, insbesondere, wenn neben der grundsätzlichen Frage, welchen Medien eingesetzt werden sollen auch noch deren Zusammenspiel geplant werden muss. Zudem müssen die zur Verfügung stehenden Medien auch anhand der entsprechenden Mediadaten danach analysiert werden, ob und in welchem Umfang überhaupt die gewünschten Empfänger damit erreicht werden. Für längere Kampagnen oder größere Budgets wird die Mediaplanung daher meistens von professionellen Mediaplanungsagenturen übernommen. Für das Kommunikationskonzept reicht es daher zunächst, sich auf die überhaupt einzusetzenden Medien festzulegen.

8.2 Kommunikationsmix

Um einen besseren Überblick zu bekommen und die einzelnen Maßnahmen konkreten Zielen zuordnen zu können, empfiehlt es sich, für jede Maßnahme einen Steckbrief zu entwickeln, in dem festgehalten wird, was das Ziel der Maßnahme ist, welche Argumente und Stilmittel verwendet werden, wer damit angesprochen werden soll, das vorhandene Budget, einen Zeitplan und – wenn möglich – die Angabe eines Erfolgskriteriums.

Beispiel für einen Maßnahmensteckbrief:

Maßnahme 1: Broschüre Weißblechstanzmaschine
Inhalt: Allgemeine Imageinformationen zum Unternehmen, Präsentation der Weißblechstanzmaschine in Wort und Bild, Einsatzgebiete, Endprodukte, Produktspezifikationen.
Ziel: Attraktive Vorstellung, Eindruck eines hochwertigen Produktes erhalten
Zielgruppe: Geschäftsführer, Einkäufer, Produktionsleiter
Argumente: Effizienz durch neue Stanzmuster, problemlose Integration in bestehende Produktionsprozesse, seit 75 Jahren Branchen-Know-how
Stilmittel: Großflächige Fotos von Details, Mitarbeitern und Endprodukten, gedeckte Farben in Blau und Grau-Töne, sachliche, nicht zu technische Sprache, seriöse Ansprache.
Zeit: verfügbar ab Mai, dann fortlaufend
Budget: 40.000 Euro
Erfolgskriterium: positives Feedback

Maßnahme 2: Micro-Site
Inhalt: Hinweise auf neue Weißblechstanzmaschine
Ziel: Aufmerksamkeit, Angebot Broschüre zu bestellen
Zielgruppe: Geschäftsführer, Einkäufer, Produktionsleiter
Argumente: Effizienz
Stilmittel: Foto Totale, Text mit Hinweis zu neuem Produkt und Bestellmöglichkeit der Broschüre und Kontaktaufnahme durch Vertrieb
Zeit: verfügbar ab Mai, dann fortlaufend
Budget: 1.500 Euro
Erfolgskriterium: realisierte Kontakte

Wie diese verschiedenen Einzelmaßnahmen aufeinander abgestimmt werden und miteinander funktionieren sollen und dabei zur Erreichung des Kommunikationsziels dienen, wird gewöhnlich als Prozess der integrierten Kommunikation beschrieben.

8.3 Integrierte Kommunikation

Das Ziel der integrierten Kommunikation ist es, mit kommunikativer Vielfalt ein einheitliche und konsistente Botschaft zu kommunizieren, wobei sich die einzelnen Maßnahmen dabei unterstützen und ergänzen sollen (siehe dazu vertiefend Esch 2011). Dabei kann zwischen formaler und inhaltlicher Integration unterschieden werden. Formal meint dabei, dass alle Maßnahmen erkennbar zusammengehören, d. h. die gleichen Farben, Formen etc. verwenden und somit auch wechselseitig aufeinander verweisen. Die Entwicklung eines *Corporate Designs* dient genau diesem Zweck. Inhaltliche Integration meint dann, dass sich in allen Maßnahmen auch gleiche Inhalte wieder finden, z. B. bestimmte Formulierungen, Slogans oder auch immer wiederkehrende Bildmotive, sogenannte *Key Visuals*. Ziel der integrierten Kommunikation ist es, jeden Kontakt mit den Zielpersonen dazu zu nutzen, um die definierten Kommunikationsziele zu kommunizieren. Je häufiger dies geschieht, um so besser stehen die Chancen, dass die Rezipienten durch den Kontakt auch tatsächlich lernen, was sie durch die Kommunikation lernen sollen (Esch 2011). Für die Erstellung eines Kommunikationskonzeptes bedeutet dies, dass nach der Auswahl der Einzelmaßnahmen geprüft werden muss, inwieweit diese im Gesamtpaket im Sinne der integrierten Kommunikation funktionieren.

8.4 Ablaufplanung: Wie gehen wir vor?

Zum Schluss geht es noch darum, die Einsatzplanung der verschiedenen Maßnahmen aufeinander abzustimmen bzw. eine Reihenfolge und die Dauer der Kommunikation festzulegen. Dabei sind einige Aspekte zu beachten:

Erreichbarkeit der Zielgruppen: Aufgrund von Tages, Wochen- und Jahreszeiten ergeben sich unterschiedliche Erreichbarkeiten z. B. in Bezug auf Aufenthalt und wegen Erholungs- und Urlaubszeiten.

Themenrelevanz innerhalb der Zielgruppen: Nicht alle Themen sind immer relevant. Auch hier können sich im Zeit- und Jahresverlauf unterschiedliche Bedarfe ergeben.

Rezeptionsverhalten der Zielgruppen: Zielgruppen können sich hinsichtlich ihrer Medienaffinität unterscheiden. Aber auch innerhalb einer Zielgruppe können sich in Abhängigkeit z. B. von der Tageszeit oder dem Aufenthaltsort (Zug, zu Hause, Arbeitsplatz) unterschiedliche Rezeptionsweisen finden, die Auswirkungen auf die Verarbeitung der übermittelten Informationen hat (periphere oder zentrale Verarbeitung).

Umfang des Kommunikationsangebots: Die Frage, in welchem Umfang die Zielgruppe mit Informationen konfrontiert wird, vom Absender selbst oder auch von Wettbewerbern beeinflusst die Wahrscheinlichkeit, wahrgenommen und beachtet zu werden in erheblichem Umfang. Daraus ist entsprechend einzugehen.

Darüber hinaus sind bei der Planung die verschiedenen, maßnahmengebundenen Kommunikationsziele zu berücksichtigen. Dabei sollten zunächst die Maßnahmen zum Einsatz kommen, die die eher umfassenderen Ziele verfolgen, konkretere, zielbezogene Maßnahmen können dann anschließend eingesetzt werden. Insgesamt geht es darum, eine Kommunikationsdramaturgie zu entwickeln, die aus Sicht der Empfänger aufeinander aufbaut, Sinn macht und Voraussetzungen für den besten Lernerfolg bietet.

Der Prozess im Überblick:
Auswahl und Bewertung von Maßnahmen/Medien – Zusammenstellen eines Kommunikationsmixes – Integrierte Kommunikation sicherstellen – Ablaufplanung festlegen

▶ PRAXISTIPPS

- Es gibt Maßnahmen/Medien, deren Notwendigkeit sich nicht allein aus der Effizienz hinsichtlich Reichweite, Kontakthäufigkeit, – intensität ergibt, sondern aus der Erwartungshaltung der Empfänger resultiert. So wird die Wirkung einer aufwendigen TV-Kampagne eines Unternehmens womöglich dadurch reduziert, dass es keinen Online-Auftritt des Unternehmens gibt, selbst wenn die Online-Kommunikation im Prinzip bedeutungslos ist. Allein die Tatsache, dass man keinen Online-Auftritt ist ganz im Sinne des Watzlawickschen Axioms „Man kann nicht nicht kommunizieren" eine Form der Kommunikation, deren Wirkung nicht in die gewünschte Richtung zeigt. Es ist daher stets auch zu überlegen, welche Erwartungshaltung bei den Anspruchsgruppen vorliegt.
- Um eine optimale Medienplanung durchzuführen und das Rezeptionsverhalten der Zielgruppe zu verstehen, ist das Durchspielen eines Tagesablaufs einer Zielperson hilfreich. Was macht die Person wann, wie, wie oft, mit welcher Haltung etc. Dies kann bereits im Zusammenhang mit der Kontaktpunktanalyse geschehen.

9 Gliederung: Inhalte eines Kommunikationskonzeptes

Wir haben nun bis hierhin ganz allgemein ein prototypisches Vorgehen zur Entwicklung eines Kommunikationskonzeptes beschrieben. Was bleibt ist die tatsächliche Umsetzung. Am Ende wird das Konzept präsentiert und im besten Fall angenommen und entwickelt. Die im Folgenden knapp kommentierte Gliederung soll nun zum Abschluss dazu dienen, sich eine Vorstellung davon zu machen, wie eine solche Präsentation aussehen könnte:

Beispiel Kommunikationskonzept:

Titelfolie

1. Vorstellung der Agentur/Team
   - Der Name der Agentur, Sitz und Datum, Name des Kundenberaters, einige Top-Kunden, sowie zwei Sätze zum Selbstverständnis der Agentur
2. Die Aufgabenstellung
   - Prägnante und knappe Beschreibung des Briefings
3. Situationsanalyse
   3.1. Der Markt
   - Einordnung des Unternehmens in den Marktzusammenhang
   - Marktkennzahlen
   - Trends und Entwicklungen

   3.2. Das Unternehmen
   - Angaben zur Historie
   - Kennzahlen
   - Darstellung von Stärken und Schwächen unter Berücksichtigung von Innen- und Außenperspektive

P.M. Bak, *Erfolgreiche Kundenansprache nach Plan*, essentials,
DOI 10.1007/978-3-658-13335-1_9

   3.3. Die Wettbewerber
      - Darstellung der Hauptwettbewerber und deren Positionierung im Markt
   3.4. Die Kunden
      - Darstellung der Kundenstruktur
   3.5. Bisherige Kommunikation
      - Wie wurde bisher kommuniziert
      - Welche Maßnahmen waren erfolgreich
      - Was war das Ziel
4. Zielgruppen
   - Beschreibung der Zielgruppen unter Berücksichtigung der Bedeutsamkeit der einzelnen Gruppen für die Kommunikation
   - Zielgruppendifferenzierung
5. Zieldefinitionen
   - Darstellung der Kommunikationsziele als Ableitung übergeordneter Ziele
   - Ist- und Soll-Positionierung
6. Kommunikationsdramaturgie
   - Wer sendet welche Botschaft in welcher Weise an wen
   - Darstellung der grundlegenden kommunikativen Umsetzungsidee
   - Grundnutzen und Zusatznutzen
   - USP/UAP
   - Legitimation
   - Tonalität
   - Kreative Leitidee
   - Aufzeigen des Wirkprozesses
7. Maßnahmenplanung
   7.1. Kommunikationsmix
      - Welche Maßnahmen werden mit welchem Ziel durchgeführt
      - Maßnahmensteckbriefe
   7.2. Integrierte Kommunikation
      - Darstellung des Zusammenwirkens der einzelnen Maßnahmen

▶ PRAXISTIPPS

- Wer präsentiert, der muss seine Zuhörer „abholen", d.h. er muss sich in seine Zuhörer hinein versetzen und sich im Klaren darüber sein, mit welcher Haltung sie zu hören. Neben den allgemeingültigen Regeln zur Präsentationsgestaltung ist es aber bei der Vorstellung eines neuen Konzeptes immer wichtig, das, was vorher gemacht wurde, nicht zu negativ darzustellen, so nach dem Motto: „Achtung, jetzt komm ich und zeig, wie es richtig geht". Das mag zwar inhaltlich seine Berechtigung haben, dennoch präsentiert man meistens vor einem Personenkreis, die direkt oder indirekt mit dem bisherigen Vorgehen involviert war. Diese würde man dadurch vor den Kopf stoßen und ihre Bereitschaft, auf Neues einzugehen entsprechend sinken. Ein gutes Konzept berücksichtigt das Bisherige und optimiert es für den zukünftigen Erfolg.

Was Sie aus diesem Essential mitnehmen können

- Der Erfolg werblicher Kommunikation ist planbar
- Die Erstellung eines Kommunikationskonzeptes ist wesentlicher Bestandteil erfolgreicher Kundenkommunikation
- Werbepsychologisches Know-how ist dabei eine große Hilfe
- Unabhängig vom konkreten Fall hat ein Kommunikationskonzept in der Regel feste Bestandteile
- Jedes Kommunikationskonzept muss jedoch individuell an die Erfordernisse angepasst werden

P. M. Bak, *Erfolgreiche Kundenansprache nach Plan*, essentials,
DOI 10.1007/978-3-658-13335-1

Literatur

Bak PM (2014) Werbe- und Konsumentenpsychologie. Eine Einführung. Schaeffer-Poeschel, Stuttgart

Bak PM (2015) Zu Gast in Deiner Wirklichkeit. Empathie als Schlüssel gelungener Kommunikation. Springer, Heidelberg

Esch F-R (2011) Wirkung integrierter Kommunikation. Ein verhaltenswissenschaftlicher Ansatz für die Werbung. Springer Gabler, Wiesbaden

Felser G (2015) Werbe- und Konsumentenpsychologie. Springer, Heidelberg

Moser K (2002) Markt-und Werbepsychologie. Hogrefe, Göttingen

Petty R, Cacioppo JT (2012) Communication and persuasion: central and peripheral routes to attitude change. Springer, New York

Schenk M (2007) Medienwirkungsforschung. Mohr Siebeck, Tübingen

Schulz von Thun F (1981) Miteinander reden 1. Störungen und Klärungen. Allgemeine Psychologie der Kommunikation. rororo, Reinbek

Watzlawick P, Bavelas JB, Jackson DD (2011) Menschliche Kommunikation: Formen Störungen Paradoxien, 12. Aufl. Huber, Bern

P. M. Bak, *Erfolgreiche Kundenansprache nach Plan*, essentials,
DOI 10.1007/978-3-658-13335-1